JN118076

地域と自治体 第40集

「補充的指示権」と地方自治の未来

榊原秀訓　編著

自治体研究社

はしがき

2022年1月14日に第33次地方制度調査会（以下、地制調）が設置されたことを受けて、地制調での議論や答申等を対象に研究を行うために、自治体問題研究所と自治労連・地方自治問題研究機構との合同で研究会を設置した。第32次地制調設置に際しても同様の合同研究会を行い、充実した研究成果を公表することができたことから、今回も合同研究会を行うことにし、2022年6月18日に第1回合同研究会を開催し、2024年3月16日の第8回研究会まで、概ね3ヵ月に1回ほどのペースで研究会を開催してきた。

その間に、第33次地制調は、大きく二つの答申を出している。第33次地制調に対する諮問は、明示的に「地方議会」をあげるものではなかったが、2023年が統一地方選挙の年であったことから、地制調は急ピッチで統一地方選挙前の2022年12月28日に「多様な人材が参画し住民に開かれた地方議会の実現に向けた対応方策に関する答申」を提出している。また、2023年12月21日に「ポストコロナの経済社会に対応する地方制度のあり方に関する答申」（以下、答申とする。こちらの答申が当初の諮問に対応したものであり、本書の検討の中心でもある）を提出している。両答申の内容は、地方自治法に具体化されることになる。前者の答申の具体化について大きな反対はなかったのに対して、後者の答申や2024年6月19日に成立した「改正」地方自治法に対しては、様々な批判がなされてきた。

合同研究会のメンバーは、第32次地制調の時と同様に、第33次地制調における議論の進行にあわせて、個々の研究成果を「住民と自治」や「季刊　自治と分権」等において公表し、また、公開シンポジウムを開催してきた（その内容は「季刊　自治と分権」94号（2024年）に掲載）。そして、第32次地制調にかかわって、自治体研究社から『地域と自治体第39集 「公共私」・「広域」の連携と自治の課題』として、研究成果を書籍の形で公表したのと同様、第33次地制調についても、本書を出版することにしたわけである。さらに、地方自治法の「改正」法案の国会審議において、本書執筆者の一部は、その研究成果を活かしつつ、参考人として意見を述べ、法案の問題点を具体的に指摘してきた。本書各章において地方自治法の「改正」を指す際に、ここでの表記と同様にカギ括弧付きで「改正」とする表記もあれば、「改正」前の執筆で繰り返し言及したり、複数の法律を検討対象としたりすることから、単に改正法案や改正のような表記もあるが、地方自治法の「改正」に問題があると考えていることは共通している。

前書と比較すると、本書はかなり異なる特徴を有している。本書における検討は、第33次地制調答申を含むものの、より広範なものを対象としなければならず、また、答申やそれを具体化する地方自治法の「改正」が従来よりも深刻な問題を生み出していると評価せざるを得ないからであり、そのことは、本書のタイトルからも明らかであろう。

具体的には、第1に、第33次地制調答申は、第32次地制調やそれ以前の政策、特に自治体戦略2040構想のような政策の延長線上の内容を含むものがあるため、より長期的な視点をもって検討しなければならないからである。また、地方自治にかかわる政策が、地制調以外の場でも議論され、むしろ地制調が他で方向付けられた政策を地方自治に限って具体化するにとどまるにすぎないこともあり、政策の全体像を把握するためには、地制調以外の場での議論を検討することが必要であるからである。

第2に、これらの点に関連することであるが、第33次地制調答申やそれを具体化する地方自治法「改正」には、いわゆる「補充的指示権」が盛り込まれていることである。この特例制度は、これまでの地方分権政策を見直し、集権化への逆流（逆分権化）となるものであると同時に、現在の平和主義を見直し、軍事国家化へ向かう政策の一つの具体化でもある。本書のタイトルにおいて「補充的指示権」を掲げているのも、ここに焦点を当てることが重要と判断したからである。もっとも、「補充的」という説明自体に問題があり、そのことを明らかにするために、第２章では、あえてそれとは異なる「特権的」という表現が用いられている。

第３に、この「補充的指示権」以外にも、デジタル化や自治体間連携・公共私の連携といった政策の推進は、集権化を進め、行政の公共性を軽視する方向でのものと考えられ、地方自治そのものを大きく損なう危険性を有するからである。「改正」地方自治法や地方自治に関する政策は、現行憲法に盛り込まれた平和主義と地方自治の両者に対して極めて深刻な影響を与えかねない。このような状況において、第33次地制調答申の自治体間連携の箇所で触れられる「地域」の「目指す未来像」といったような意味での「未来」ではなく、まさに「地方自治」の「未来」を従来以上に模索しなければならず、そのことを本書のタイトルにおいても示すことにした。

本書は、前書と比べると執筆者数が限定されているものの、執筆者は、異なる専門分野の研究者であり、また、地方自治法の「改正」が進行する中での出版であり、様々な調整作業は必ずしも容易ではなかったと推測される。そのような中で、本書が無事完成に至ったのは、自治体問題研究所の寺山浩司さんと深田悦子さんに精力的に確認・調整作業を行っていただいたからである。記してお礼申し上げる。

2024年6月23日

榊原秀訓

『地域と自治体第40集 「補充的指示権」と地方自治の未来』目次

第Ⅳ部　地方自治の未来像

第Ⅰ部
地方自治の現在

第1章
地方自治の現在—中央集権化と地方自治との対抗

岡田知弘

はじめに

2024年通常国会での地方自治法改正の歴史的位置を見定めようとするならば、30年前の1994年における衆参両議院での「地方分権の推進に関する決議」を起点とした地方分権改革に遡り、それに逆行する中央集権化の動きであると論じることもできるだろう。

しかし、筆者は、今回の地方自治法改正は本法が制定された戦後憲法制定時、さらに遡って明治憲法制定期の地方制度の確立期を起点にすべきではないかと考えている。それは、今回の改正内容が、本書の各章が指摘しているように、戦後の平和憲法が定める地方自治の理念を否定し、憲法改正による緊急事態条項の新設を先取りする内容を含みこんでいるからである。

そこで、本章では、今回の地方自治法改正に至る歩みを、憲法と地方自治の理念の視点から振り返り、私たちが現在当面している問題の歴史的意味を考えてみたい。

実は、日本の地方自治制度の変遷を、筆者と同様に明治維新期に遡って整理し、「平成の大合併」や「定住自立圏」「連携中枢都市圏」、さらに2014年の「増田レポート」(「自治体消滅」論)を受けた「自治体戦略2040構想」と同様の改革方向を提起した論稿「地方統治構造の変遷とこれから」がある[1]。著したのは、山﨑重孝氏(当時、総務省自治

1　山﨑重孝「地方統治構造の変遷とこれから」2017年、総務省ホームページ(https://www.soumu.go.jp/main_content/000562327.pdf)。

行政局長、その後内閣官房参与）であり、この論稿（以下、山﨑論文と略す）は、総務省のホームページに掲載されている「地方自治法施行70周年記念自治論文集」（2017年）に所収されている。

山﨑論文は、廃藩置県と明治の大合併以来の日本の「地方統治構造」は、現在にも基本的に引き継がれてきているという認識のもとに、人口の増加、経済成長、戦争という独立変数の下で変遷をとげているという独特の歴史観の下で書かれている。氏の問題意識は、今や高齢化と「人口収縮期」の時代であり、これに対応して、どのような地方統治構造をもつべきなのかという点にある。人口論を軸にした地方制度改革論であるといえる。時あたかも、今回の地方自治法改正案の国会審議開始に合わせて、本年4月24日に〈新増田レポート〉ともいわれる「地方自治体『持続可能性』分析レポート」が「人口戦略会議」（三村明夫議長、増田寛也副議長）から鳴り物入りで公表されており[2]、本稿ではこのような特異な議論も批判的に検討していきたい。

1　明治憲法と地方公共団体

⑴　地方統治機構としての役割

周知のように、近代日本の国家体制は、明治維新後、薩長政権によって作られていった。具体的に言えば、1871（明治4）年の廃藩置県によって、府県を創設した[3]。なお、沖縄県については1872年に琉球藩とされたあと、1879年に沖縄県となる。また、北海道については、1882年にいったん函館、札幌、根室の3県が置かれたが、1886年には3県が廃止されて北海道庁に統合され、行政区画名は北海道とされた。1886（明治19）年制定の地方官官制と1990年制定の府県制によって、

2　中央公論2024年6月号に、レポートの全文が掲載されている。

3　本節については、山田公平「市町村合併の歴史的考察」室井力編『現代自治体再編論』（日本評論社、2002年）、岡田知弘『私たちの地方自治―自治体を主権者のものに』（自治体研究社、2022年）に基づいている。

中央政府が府県知事を任命し、知事は府県を統治するとともに、制限選挙で選出された府県会が県民の負担を承認するという仕組みであった。なお、幕藩時代の三都であった江戸、大坂、京都は、それぞれ東京府、大阪府、京都府となった。

さらに、1889（明治22）年には、大日本帝国憲法（以下、明治憲法と略）と併せて市町村制が導入される。人口が「輻輳」する地に市、他の地域では郡の下に町村がおかれた。市会、町村会は、やはり男性の資産家のみによる制限選挙で議員が選ばれ、市会が推薦した市長を内務大臣が任命し、知事とともに監督した。また、町村会で選挙された町村長は、府県の吏員である郡長が監督する構造であった。こうして、明治憲法に基づく天皇主権の中央集権型国家とそれに従属する道府県及び市町村という統治機構が誕生したわけである。

もっとも、注意しなければならないことは、これらの道府県や市町村は、正しい意味での「地方自治体」ではなく、国の出先機関としての「役所」「役場」、地方公共団体という位置付けであり、政治学的な表現をすれば国家の地方支配の「支点」、あるいは地方統治機構の末端という位置付けだったといえる。

戦前の県庁や市役所、町村役場の行政文書を読むと、土木、衛生、学校と並んで「兵事」や警察の業務が大きかったことがわかる。明治憲法制定後、日本は10年に一度のペースで大きな戦争を繰り返してきた。兵士の徴兵や軍需物資の調達、傷痍軍人・戦死者家族への対応、そして配給の仕事、伝染病対策から始まる衛生行政、天皇の「赤子」として働く「臣民」（主権をもつ国民ではなく、天皇の従者）の教育や統治に大きなエネルギーを割いていたといえる。いわば、戦争を遂行する国家体制の基盤に地方公共団体が位置づけられていたといえる。

したがって、明治憲法には、「地方自治」という理念も概念も、存在していなかった。ただし、それは当時の為政者たちの考え方であり、現実の社会においては、正しい意味での「地方自治」の実現を求める思想家たちや社会運動が存在していたことにも留意したい。それらが、戦後憲法において「地方自治」条項が盛り込まれる歴史的前提だからである。もとより、先の山﨑論文には、そのような視点も叙述もない。

⑵ 自由民権運動の地方自治構想

明治維新直後の近代国家形成期における自由民権運動は、その端緒となる。そこでは、薩長政権による天皇を中心とする集権的国家にするか、あるいは地方自治体を基本にした立憲主義にもとづく連邦的国家をつくるか、という対立が存在していた。後者を代表するのが、国会開設・憲法制定等を求める自由民権運動であった。板垣退助らの国会期成同盟は、1880（明治13）年11月に、参加各組織が憲法見込案を持ち寄ることを決定し、全国各地で憲法草案がつくられていった。

そのひとつが、「私擬（しぎ）憲法　日本帝国憲法」（通称：五日市憲法）である。これは、五日市町（現・東京都あきるの市）にある深沢家の土蔵で発見されたものであり、伊達藩下級武士であった千葉卓三郎が、1881年に作成したとされ、全204条からなる[4]。

そこでは、「日本国民ハ各自ノ権利自由ヲ達ス可シ、他ヨリ妨害ス可ラス、且国法之ヲ保護ス可シ」（45条）と、国民の基本的人権を明記し、「凡ソ日本国民ハ日本全国ニ於テ同一ノ法典ヲ準用シ、同一ノ保護ヲ受ク可シ、地方及門閥若クハ一人一族ニ与フルノ特権アルコトナシ」（48条）というように、憲法に基づく立憲主義、法治主義も定めていた。

そして、注目すべきは、77条で「府県令ハ特別ノ国法ヲ以テ其綱領ヲ制定セラル可シ府県ノ自治ハ各地ノ風俗習例ニ因ルモノナルカ故ニ必ラス之ニ干渉妨害ス可ラス其権域ハ国会ト雖モ之ヲ侵ス可ラサルモノトス」としていることである。府県令とは府県知事のことであり、府

4　五日市憲法については、新井勝紘『五日市憲法』（岩波新書、2018年）を参照。

県の自治は、各地の風俗や慣習によってなされるべきものであり、国会は、これを侵してはならないと明記しているのである。ただし、女性の参政権は認めていないという限界もあった。

もうひとつが、土佐（現・高知県）の自由民権活動家・植木枝盛が中心となった立志社による「東洋大日本国々憲案」全220条である[5]。この憲法草案は、「五日市憲法」よりも人権意識が徹底しており、女性の参政権も認め、死刑も禁止するとしていた。そして、地方自治にかかわる条項を読むと、アメリカ合衆国のような完全な連邦制をめざしていたことがわかる。以下、その関連条文である。

7条　聯邦制　丹後州・山城州・琉球州など70州と日本聯邦を設置。

8条　日本聯邦に大政府を置き聯邦の政を統ふ。

9条　日本聯邦は日本各州に対し其州の自由独立を保護するを主とすべし。

13条　日本聯邦は日本各州に対して其一州内各自の事件に干渉するを得ず。其州内郡邑等の定制に干渉するを得ず。

29条　日本各州は日本聯邦の大に抵触するものを除くの外、皆独立して自由なるものとす。何等の政体政治を行ふとも聯邦之に干渉することなし。

植木は国民主権を明確に主張しており、そのため明治政府によってしばしば迫害、弾圧され、若くして亡くなる。自由民権運動も、薩長政権の下で、加波山事件、秩父事件（秩父困民党、草の乱）という弾圧事件によって暴力的に制圧されるに至る。そのような犠牲のなかで明治憲法が制定されたのである。

5　植木枝盛の憲法草案については、国立国会図書館ホームページ（https://www.ndl.go.jp/modern/cha1/description14.html）。

⑶ 大正デモクラシーと自治権拡充の動きと暗転

さらに、明治憲法制定後、県や市町村に議会が設けられたが、それも不十分なものであった。まず、選挙権、被選挙権とも高額納税者の男性戸主に限られていた。また、知事や市町村長は、間接選挙で議会が推薦し、知事であれば内務大臣、市町村長であれば知事が任命していた。

つまり、明治憲法の下では、あくまでも主権者は天皇であり、天皇の指揮の下で内務大臣が道府県や市町村を上から統治、支配している構造であった。国民、とりわけ女性は政治的発言をしたり、自分たちの代表を選挙で選ぶ権利すら認められていなかったのである。

これに対して、大正期に入ると、普通選挙制度の実現や婦人参政権の確立を求める社会運動が広がっていく。そのきっかけとなったのが、1918（大正7）年から日本で大流行し、40万人を超える死者を出した「スペイン風邪」であったといえる。いのちの大切さを求める女性たちの動きは「コメ騒動」にもつながり、寺内正毅内閣は倒れ、近代政治史上はじめての本格的政党内閣である原敬内閣が誕生する。都市計画法や各種社会政策施設、衛生対策が整備されて、新しい経済社会への移行が始まるのである。大阪市の関一市政は、この法制度改革を活用して、地下鉄建設、御堂筋開発、大阪商科大学の設立や失業対策をはじめ多様な社会政策を、独自に展開していった[6]。

しかし、普通選挙制度は成年男性だけに限られ、治安維持法も同時に制定された。1928（昭和3）年には同法の適用によって軍事教練反対のチラシを配った学生が逮捕される「京都学連事件」が起こり、河上肇などのマルクス経済学者が文部省の指示で帝国大学から追放される事態となった。

6　岡田知弘「災害と復興・祝祭をめぐる時間と空間の弁証法」『唯物論研究年誌』第25号（大月書店、2020年）参照。

⑷　戦争と地方制度改革、東京都の誕生

国内での出版・思想統制が強まる中で、1931（昭和 6）年 9 月、陸軍による柳条湖事件（満州事変）が引き起こされ、日本の中央政府は 15 年にわたる戦争への道を突き進むことになる。1932 年には五・一五事件、1936 年には二・二六事件が起き、軍部が政党政治を排して内閣の実権を掌握した。戦争や軍拡に反対していた政治家を排除した軍事政権は、1938（昭和 13 年）年 4 月に、戦争遂行のために、国内のあらゆる人的・物的資源を統制・動員する国家総動員法を制定する[7]。

戦争を遂行するためには、徴兵制度によって兵士を動員したり、傷痍軍人及び家族の生活保障の業務が著増した。「銃後」の産業や生活を守る女性や子ども、高齢者にも動員をかけて、平和産業から強制転換された軍需工場で働かせる必要があった。また、食糧増産のために農地を拓いたり、農地の売買や貸借の統制管理、特定農産物の作付け統制、あるいは金属類の回収や食料はじめ生活必需品の配給などの業務を、末端機構である市町村や道府県という広域自治体が行うようになる。また、兵士の数を確保するために「産めよ殖やせよ」というスローガンに象徴される人口政策確立要綱が閣議決定されたのは、1941（昭和 16）年のことであり、母子手帳の活用と保健所の拡充が推進された。これらの戦時特有の業務の増加のために、役場や役所で働く官吏の数も急増し、財源の確保が、1940 年の戦時地方財政制度改革によってなされ、財政の中央集権化が進むこととなった[8]。これらの動員・統制施策の多くは、岸田政権の下で次々と制定されている経済安全保障関連法と酷似した内容であった。

7　戦時体制下の資源動員政策と地方制度改革については、岡田知弘「戦時期日本における資源動員政策の展開と国土開発」野田公夫編『農林資源開発史論Ⅰ』（京都大学学術出版会、2013 年）参照。

8　岡田知弘『日本資本主義と農村開発』（法律文化社、1989 年）、宮本憲一『日本の地方自治その歴史と未来』増補版（自治体研究社、2016 年）を参照。

さらに、戦時体制が深まるなかで出てきたのが道州制導入論であった。府県をまたいだ広域「ブロック」ごとに物資の調達や配給、「重要産業」である軍需工場の立地を計画的かつスムーズに行うための国土計画の策定や土地法制の整備も行われる。1943（昭和18）年には、全国を9ブロックに分けて、そのエリアの知事と国の出先機関の長が集まり、とくに食料や軍需物資の調達や配給、軍需工場の立地について協議する地方行政協議会が発足する。

この年から施行された地方制度改革では、東京府と東京市が統合されて、「東京都」が誕生する。この改革は、戦時体制が深まるなかで、東京都と東京市の併存が弊害を生み出していたことから「帝都」としての東京都を他の地方団体とは別格の存在とし、戦争遂行のために効率化を図ろうとしたものであった。

それはともあれ、戦時下での道州制は、最終的に1945（昭和20）年6月に地方総監府を設置することで完成する。各都道府県や国の出先機関だけでなく、陸海軍の軍管区も統合した事実上の道州政府がブロックごとに設置されたのである。これは、モノも人も欠乏するなかでの「決戦体制」づくりの一環であった。

併せて、1943（昭和18）年には、地域のなかにある部落会・町内会も行政の末端機構として制度化され、防空、配給、転出・転入などの事務や役所の伝達などの業務代行を行うことになる。つまり、上は政府から、足元の地域の町内会、隣組にいたるまで、国の機関として統合され、中央集権的な戦時統制国家が完成したのである[9]。

明治憲法下では、中央政府の判断で、都道府県や市町村、部落会を通して、戦争遂行のために有無を言わさず国民を統制、動員することができたのである。いわば、戦争遂行にとって、最も効率的で親和的な制度であったといえる。そこには住民の自治も、団体の自治もなか

9　前掲注7と同じ。

った。前述の山﨑論文には、この点の叙述がまったくないことが特筆される。

2　戦後憲法制定と地方自治・地方自治体

(1)　戦後憲法と地方自治法の制定

1945（昭和20）年8月15日、長い戦争が、日本軍の敗北によって終わった。日本軍は、15年間続いたアジア太平洋戦争によって、海外で2000万人以上の人々を殺戮した。また、約230万人の「日本軍」兵士が戦死しただけでなく、民間人の海外死者数も30万人に及んだ。さらに、東京はじめ大都市部での空襲、広島及び長崎の原爆によって50万人以上が亡くなった。とりわけ沖縄では、民間人12万人を含む約20万人もの人々が犠牲となった。しかも、沖縄県には、米軍の占領政策のなかで、1972（昭和47）年まで日本への復帰ができないという悲劇が待っていた。[10]

日本を占領した連合軍・米軍（GHQ）は、ドイツやイタリアでの直接占領方式と異なり、言語の問題もあることから、戦時中から存在していた官僚機構を活用する間接占領方式をとった。そして、連合軍は日本の非軍事化と民主化を最大目標にした占領政策＝戦後改革を、遂行していった。

GHQは、軍隊の解体、戦争犯罪人の逮捕、軍国主義者の公職追放をしながら、戦争を推進したり、戦時体制を支えた財閥や寄生地主制度を解体するとともに、民主団体の再生及び育成にとりくんだ。これにより、戦時中、非合法であった労働組合を合法化するだけでなく、その設立を推奨していく。これらの改革の集大成となったのが、1947（昭和22）年に施行された日本国憲法であり、その憲法体系の一環として制定された地方自治法であった。

10　以下については、宮本憲一前掲書及び山田公平前掲論文による。

戦後憲法では、まず主権者は、天皇ではなく国民であると明記した（国民主権）。その主権は、男性も女性も対等であるとされた。そして、国民の基本的人権、生存権、幸福追求権を認めるとともに、学問の自由、思想・表現の自由も明確に書き込んだ。さらに憲法９条によって戦争放棄を明記した（平和主義）。そして、明治憲法にはなかった地方自治に関わる第８章を新設し、地方自治体の首長、議員はすべて主権者が選挙で選び、国や地方自治体の公務員は「全体の奉仕者」でなければならないとしたのである。こうして地方自治体は、国の従属物ではなく、国と対等な関係にあり、しかも主権者である住民が首長や議員を選ぶことができる自治的な団体として憲法に位置付けられたのである。実は、これらのことは、安倍晋三元首相はじめ自民党の改憲派議員が、最も敵視した条項である。彼らは、「戦争ができる国」にするために、何が障害であるかを、明確に自覚していたといえる。

既に述べたように、明治憲法には、地方自治の規定が存在しなかった。地方公共団体は国の出先機関にすぎなかったため、政府が戦争に向かって暴走することに歯止めをかけることができなかった。この点に、明治憲法の根本的欠陥があったといえる。戦後憲法と地方自治法では、これを改め、いかに小さな自治体であろうとして国と対等な法的な関係にあるという「団体自治」を認める。併せて、府県制、市制、町村制を廃止した。また、新しい地方自治体の主権者は国民主権論に基づき住民であるとされ、住民が都道府県や市町村の首長や議員を選挙したり、住民投票などの直接民主主義を行使できる「住民自治」を制度化した。そして地方自治法では、団体自治と住民自治を地方自治の両輪として、地方自治体の最大の責務を、ほかでもない「住民福祉の増進」と明記したのである。

さらに、地方財政制度面でも、シャウプ勧告が1949（昭和24）年９月にまとまり、「強力な独立した実力ある地方団体」を創出するために、国庫補助金の廃止と平衡交付金の導入、中央と地方の行政責任の明確化と中央集権的な支配を配する地方財政委員会の設置、市町村優先の事務配分の原則化による機関委任事務の廃止を提案した。しかし、その後、占領政策の転換によって、再び、国主導の集権的な制度運営が強まることになる。

⑵　占領政策の転換と「逆コース」　昭和の大合併

連合軍の占領政策は、1948年以降、中国大陸における社会主義政権の誕生によって、民主化と非軍事化を軸にした戦後改革からの変質を遂げる。財閥解体は中途半端なものに終わり、労働運動や平和運動への弾圧も開始される。いわゆる「逆コース」は自治体警察や公選教育委員会制度の廃止という中央集権化の流れを強めていった。

ドッジラインの下での不況の深化と朝鮮戦争の勃発は、地方財政の危機を拡大し、この危機に対応するために1951年8月の政令諮問委員会による「行政制度の改革に関する答申」は、行政事務の簡素化、効率化を前面に立てた中央集権的な行政改革を、国の主導の下で行うことを提起し、国の市町村への委任事務を確実に行えるよう、府県主導による画一的な町村合併促進を提言し、1952年の地方自治法改正によってそれが具体化した。

この「昭和の合併」は、1953年の町村合併促進法によって、国による強権的な合併推進方針に基づいて推進され、3年の期限の間に、9622市町村を3477市町村に統合し、概ね国の目標を達成することになった。この間に、シャウプ勧告に基づいて設置された地方財政委員会は廃止され、国の機関委任事務も残されたままであった。

まさに、「合併によって作り出される新市町村は、戦後に形を変えて存続する補助金や機関委任事務体制を分担しながら、行政の合理化＝事務処理の能率化と行政機構の簡素化を進めることによって、講和条約後の新たな中央集権体制を強化する地方行政機関の基礎単位として再編されることにな」ったのである[11]。

ところで、前出の山﨑論文では、この戦後憲法の制定後の地方自治制度については、「第二次世界大戦後の改革で、日本国憲法によって地方統治構造は大きく変容」し、「地方自治制度が憲法によって保障されることになりました」と淡々と述べているだけであり、国民主権や平和主義、基本的人権の尊重や地方自治体の基本的な責務については、触れてはいない。また、「昭和の大合併」についても、新制中学が義務教育とされたため、これを直接的契機として、「新制中学を合理的に運営できる人口である八千人を法律に明示してやはり中央政府の強力な主導で『昭和の大合併』が進められました」と述べるに留まる。そして、この大合併は「農村人口が多い時期に着手され」、「これによって、昭和30年代の高度経済成長、人口増加、都市への人口移動に対応することができた」と高く評価する[12]。評価の視点が人口規模だけであり、確たる論証もなく予定調和的な論調になっている点が特徴的である。

すでに述べたように、地方自治体と国との関係性、行財政権限のあり方をめぐって、国際情勢の変化の下で重大な対抗が存在していた。そのなかで、再び中央政府「主導」での地方統治構造が再編されていったことを忘れてはならない。また、これらの新たな自治体が、限られた財源と国による財政誘導政策の結果、高度経済成長のなかで、企業誘致偏重型の開発政策に走り、それが公害問題や過密による都市問題を生み出し、大都市部を中心に多くの革新自治体を生み出したのが史実である。決して予定調和的に「対応」できていないのである。

11　山田前掲論文、226頁。
12　前掲山﨑論文、928頁。

3　1980年代後半の「地方分権」論の台頭

(1)　現代の「地方分権」論をみる視点

以上見てきたように、「地方分権」という考え方や言葉は、明治憲法前後の時代から存在していた。当時は、「中央集権」と対立する民主主義的な要求として捉えられていたといえよう。ところが、戦後、1980年代後半に入ると、国が主導する形での「地方分権」論が台頭してくる[13]。

戦後の憲法や地方自治法では、地方自治体の団体自治とともに住民自治が地方自治の2側面として重視されたことは、前述したとおりである。しかし、その後、憲法上の地方自治の理念と実態との乖離が長らく続いてきた。地方自治体の財政自治権が不十分であるうえ、国からの機関委任事務が多く、地方自治体は独自の行政サービスを自由に展開できないという問題が横たわっていた。その意味で、地方自治体側からの要求は切実であったといえる。

1999年7月に成立し、2000年4月から施行された「地方分権一括法」は、この機関委任事務を廃止した点で一つの画期をなすものであった。しかし、財政自治権の内実については強化されないままであった。

このころ、マスコミの論調の多くが、「中央集権」＝悪、「地方分権」＝善、であるという考え方で報道していた。しかし、一般に「中央集権」を志向しがちな国が、なぜ自ら「地方分権」を推進しようとしたのか。この点が大きな疑問点である。明治憲法下の「地方分権」論とは全く違う意味で、1980年代後半以降の「地方分権」論は登場したといえる。

13　岡田知弘「『地方分権改革』30年の歩みを振り返る―中央集権化と地方自治との対抗」住民と自治2024年3月号、を補充・改稿したものである。

⑵ 「地方分権」論の台頭と財界の道州制導入論

そこで1980年代の政治経済状況をふりかえってみよう。1970年代に二度の石油ショックで日本経済は大きな打撃をうけ、国や地方自治体の財政赤字も膨らんでいた。それらを打開するために、「行政改革」推進論が経済団体連合会（以下、経団連）など、財界中心に強まっていった。そこで、まず、中曽根康弘内閣期の1983年に第一次臨時行政改革推進審議会（以下、行革審）が設置され、会長には、第二次臨時行政調査会（第二臨調）で国鉄や電電公社、専売公社の民営化を提言した土光敏夫元経団連会長が就任する。中曽根首相は、さらに1987年に「第二次行革審」を設置、会長には、やはり経団連会長を務めた大槻文平氏が就任した。

これらの行革審では、国と地方自治体との関係を改革し「地方分権」を図るとともに、各種の規制緩和や民営化を推進することにより、地方自治体が大規模開発しやすい仕組みをつくるよう、政府に答申した。中曽根内閣は、この方針に沿って第四次国土総合開発計画を立案し、推進する。その代表例が東京湾岸のアクアライン、関西新空港、中部新空港等の建設であり、それらは経団連や関西経済連合会、中部経済連合会といった地域財界が要求した大規模プロジェクトであった。[14]

もう一つ注目したいのは、これらと結びついた形で、道州制論が登場したことである。1989年の「第二次行革審」第二次答申では、国際競争に打ち勝つために都道府県制に代わる新たな「地域行政主体」の形成をめざすべきとの提言がなされる。また、第三次答申（1993年）でも、道州制について検討を行う必要があるとされ、小泉純一郎内閣期の2001年に設置された第27次地方制度調査会の答申（2003年）では、市町村合併とともに都道府県の合併・道州制についての提言を行

14　財界の道州制論と政府の国土開発政策との関係性については、岡田知弘「道州制と国土政策」渡名喜庸安・行方久生・晴山一穂編著『「地域主権」と国家・自治体の再編』（日本評論社、2010年）参照。

う。このときの会長は、諸井虔・元日経連副会長であった。日経連（日本経営者団体連盟）は、2002 年に経団連と合併し、日本経団連となる財界団体である。

では、なぜ、財界の幹部が、このころに行政改革、規制緩和、民営化を一体のものとしてとらえ、政府に対して要望するだけでなく自ら重要審議会の会長に就任し、「地方分権」を声高に主張するようになったのだろうか。そのヒントは、日経連と統合する前の経団連が 2000 年 12 月 19 日に発表した『地方行財政改革への新たな取組み』という文書のなかの次の一文にある。

「例えば、中小規模の自治体における電子化への取組みの遅れとともに、地方自治体ごとの煩瑣な許認可などの申請手続きや庁内の縦割り行政等が、効率的・合理的な企業活動の展開を阻害し、事業コストを押し上げ、グローバルな市場競争面での障害となっている」

つまり、小さな市町村や県の存在が、グローバルな市場競争にとりくんでいる大企業にとっては「障害」となっており、企業の成長を図るためには、市町村の合併とともに都道府県の合併、もしくは道州制の導入が必要だという認識である。おそらく複数事業所を複数の自治体に置いている大企業にとっては、税や水道料金等の負担を軽減したり、あるいは各種規制緩和の窓口が一本化した方が有利であるという判断なのだろう。そこには住民の暮らしや地方自治の視点はない。

この考え方は、橋本龍太郎内閣下での「橋本行革」に対して、1996 年に経団連が要望した「経団連ビジョン」に盛り込まれた「グローバル国家」論に源流があるといえる。「グローバル国家」論というのは、多国籍企業の時代において、日本が世界のなかで中心的な役割を維持するためには、内外の多国籍企業に選んでもらえる国づくり・地域づくりが必要であるという考え方である。そのために、法人税率の引き下げ（併せて消費税率の引き上げ）、雇用制度の流動化（派遣などの非正規雇用形態の拡大)、医療や福祉、教育分野での新自由主義的な規制改革を求めたのである。経団連は、この「グローバル国家」論に基づき、抜本的な規制改革とともに、中央政府のスリム化と省庁再編、「地方分権」を提言していた。コロナ禍で問題になった保健所の弱体化は、この「地方分権」改革の一環として1997年に施行された改正地域保健法に端を発している。

(3) 日本経団連の道州制推進論

日本経団連が描く道州制については、2007年の道州制「第一次ビジョン」で基本的骨格が描かれている。そこでは、①府県を廃止し、10程度の州を設ける、②市町村合併を促進して、最終的に300基礎自治体にする、③国と道州政府、基礎自治体の「役割分担」を明確にし、国は外交、軍事、通商政策、道州政府は産業基盤、経済政策、高等教育政策等、基礎自治体は医療、福祉、義務教育等住民に身近な行政サービスを担当する、④地方交付税は廃止し、財政調整は「水平的調整」のみにする、⑤地方自治体の不足財源は、地方消費税率引き上げと「新しい公共」によって賄う、⑥州議会議員数は、現在の府県議会議員総数の3分の1程度に削減する、というものであり、当時自民党道州制推進本部が提起していた道州制構想と酷似していた。

日本経団連は、この道州制導入を「究極の構造改革」とも位置付けていたが、そこには住民自治や住民の福祉向上をはかる憲法の視点はまったくないといえる。むしろ、広域行政体をつくることによる企業としての経済的メリットを最も重視していたといえる。

さらに、③の役割分担論でいくと沖縄県をはじめとする基地をもつ自治体が、基地問題に口を挟むことができない構造となっている。第二次安倍政権以降、沖縄県の民意を無視し、司法も巻き込んで辺野古新基地建設を強行的にすすめ、地方自治体の意見を尊重しない国の姿勢を見ると、明治憲法下の国と地方公共団体との主従関係に逆戻りさせようとしていることがわかる。そこでは、団体自治も住民自治も否定されており、まさに「戦争ができる国のかたち」といえる。ここに現代の「地方分権」論の危険性があるといえる。

4 「平成の大合併」と地域経済社会の衰退

(1) 「平成の大合併」とその帰結

「地方分権改革」でまず重点的に推進したのは、市町村合併の促進であった。1999年に市町村合併特例法が制定され（2004年度末までの時限立法、後に1年延長)、「平成の大合併」が始動する。「地方分権」の名の下で、道州制導入のための基礎自治体の再編が推進されたわけである。2000年には3232市町村を1000に集約する方針が閣議決定される。しかし、当初はほとんどすすまず、2001年発足の小泉純一郎内閣の下で、小泉構造改革の一環として、「三位一体の改革」が加わることで、強力に合併政策が推進されることになる。

この結果、市町村数は、2005年4月1日には2395に、さらに特例期限を1年延長したのちの、2005年度末には1821となった。その後、「平成の大合併」は、合併新法の下で5年間延長した形で推進され、2010年3月末日の市町村数は1751となる。しかし、第一次安倍晋三政権の下に設置された第29次地方制度調査会は、2009年6月に最終答申をまとめ、「平成11（1999）年以来の全国的な合併推進運動については、現行合併特例法の期限である平成22（2010）年3月末までで一区切りとすることが適当である」と結論づけ、「平成の大合併」は終焉を迎える。現在は1718市町村となっている[15]。

このように、「平成の大合併」は、「地方分権改革」の一環として位

15 「平成の大合併」については、岡田知弘『地域づくりの経済学入門』増補改訂版（自治体研究社、2020年）第11章を参照されたい。

置づけられ、地方交付税をはじめとする国による地方財政支出を大幅に削減することを目的としてすすめられた。けれども、地方から見ると、住民の合意が得られない「大義なき合併」と映った。

合併が進捗しないなかで、政府は合併特例債の創設や地方交付税の算定替え特例を設けたり、政令市や中核市の行財政権限を拡大するなどして、合併する自治体には「アメ」を示しながら、他方で小規模自治体ほど地方交付税を大きく削減する「三位一体の改革」を2004年度から遂行した。とりわけ、人口1万人未満の自治体については、近隣自治体あるいは都道府県に行政権限を補完させ、「窓口町村」にするという提案が、自民党及び当時の第27次地方制度調査会副会長であった西尾勝東京大学名誉教授からなされ、これが合併に向けた「ムチ」となったのである。

ただし、小規模自治体の団体自治権や住民自治を否定する「窓口町村」化については政治的立場を超えて首長が結成した「小さくても輝く自治体フォーラム」運動参加自治体や全国町村会などが猛烈に反対した。また、全国各地での合併反対運動に火をつけることになった。合併するかどうかは、住民自身が住民投票で決めるべきという住民投票条例直接請求運動は、800自治体に広がったのである。結果、住民投票によって「自立を選択する自治体」が200以上にも達し、「昭和の大合併」とは異なり、政府の目標達成にはならなかった。団体自治の強化をねらった合併政策の強行が住民自治の覚醒に結びついたといえる[16]。

特に深刻だったのは、広域合併した自治体の周縁部の衰退問題であった。役場が無くなることにより直接雇用が減り、また役場の公共調達市場が消滅し、職員や施設が大幅に削減されることから住民サービスが後退し、定住人口を支える居住条件が大幅に悪化し、甚だしい人

16　岡田知弘「『小さくても輝く自治体フォーラム』運動の歩みと歴史的意義」全国小さくても輝く自治体フォーラムの会・自治体問題研究所編『住民に身近だからこそ輝く自治の軌跡』（自治体研究社、2024年）参照。

口減少が高山市や浜松市をはじめ広域合併した自治体で普遍的に見られたのである。このことは、「平成の大合併」直後から各種の調査で指摘されてきたことである。合併推進の旗振り役であった西尾勝氏（前出）自身も、2014年度末の参議院の調査会で、合併や三位一体の改革が地方を惨憺たる状況に追いやったと認める証言をするに至る[17]。

ところが、総務省合併推進課長を務めた山﨑氏は、前出の論文において、「人口減少の傾向が社会的に共有されたとは言えない段階で国民的議論を巻き起こし、それにいち早く対応しようとするものであったと評価することができる」と、その先見性を強調している[18]。しかし、当時の総務省のホームページに掲げられていた「市町村合併が求められている理由」は、①地方分権の推進、②高齢化への対応、③多様化する住民ニーズへの対応、④生活圏の広域化への対応、⑤効率性の向上の5点であり、「人口減少」については語られていなかったのである。なお、山﨑論文では、「余談」として、「地方行革の観点でも『団塊の世代』の大量退職のタイミングでどう行政をスリム化するかという問題意識」であったとしており、行政改革に問題意識の主眼があったと述べている。地域経済や地域社会の持続性の危機、さらに周縁部における人口減少問題という地域問題の惹起については、関心を払っていなかったといえる。そして、山﨑論文では、まとめとして、この「期間に市町村合併を推進したことは、これからの人口減少を考えると、非常に適切な改革であったと思われるのです[19]」と自画自賛しているのである。原因と結果の関係を逆転させた議論だといえる。

住民に最も身近な基礎自治体の適切な範囲については、「単に法律で地方公共団体として取り扱われているだけでは足らず、事実上住民が経済的文化的に密接な共同生活を営み、共同体意識をもっているとい

17　「参議院　国の統治機構に関する調査会会議録　第一号」2015年3月4日。
18　前掲山﨑論文、935頁。
19　同上。

う社会的基盤が存在し、沿革的にみても、また、現実の行政の上においても、相当程度の自主立法権、自主行政権、自主財政権等地方自治の基本的権能を附与された地域団体であることを必要とする」という1963年3月27日の最高裁判所判例がある。「平成の大合併」では、その範囲をはるかに超える基礎自治体が多数誕生したため、矛盾が広がるのは当然だったといえる。

この矛盾が発現した原因について、「平成の大合併」を推進して、その「失敗」を認めた前出の西尾勝第30次地方制度調査会会長は、「国会議員主導」であったことに求めている[20]。政策を立案、推進した学識経験者が明らかに「政策の失敗」を認めているわけである。官僚の責任者として、その誤りを率直に認めて、政策を根本的に転換することや、合併自治体に補償措置をとることが必要なのではあるまいか。

(2) 公務員削減と公共サービスの「市場化」推進

政府は、地方自治体の外枠、外形を合併によって拡大、変更するだけでなく、自治体の公共サービスの内実も変容させていった。総務省は、「三位一体の改革」と並行して、全自治体に対して地方行政改革の「集中改革プラン」策定を求める（2005年3月）。これにより、自治体職員及び給与の削減目標の設定を求めるとともに、公共サービスへの民間企業の参入を促すために、アウトソーシングや指定管理者制度、PFI、市場化テストの導入を推進していったのである[21]。

その推進論者の一人が、政府の規制改革民間開放推進会議議長を務めた、宮内義彦オリックス会長であった。彼は、2003年から開始されていた指定管理者制度は、官によって独占されている「箱モノの運営」を「打ち破るために」導入したと正直に述べている[22]。

20　西尾勝『自治・分権再考—地方自治を志す人たちへ』（ぎょうせい、2013年）69頁。
21　岡田知弘『公共サービスの産業化と地方自治』（自治体研究社、2019年）参照。
22　日経グローカル第36号、2005年9月。

しかし、このような私益重視の民営化は、「公益」=「住民福祉の増進」を第一義的に優先しなければならない地方自治体の現場で、深刻な矛盾を生み出すことになった。アウトソーシングによる個人情報の流出事件は今も頻繁に起きている。PFIで建設・運営されてきた病院の経営悪化によって自治体が大きな負担を強いられた事例として、近江八幡市だけでなく、オリックスが参入していた高知医療センターの例もある。指定管理者の指定取り消し事案も数多く存在する。さらに、これらの事業で民間企業が雇用する人々の多くが、非正規労働者であり、官製ワーキングプアを生み出してしまったのである。欧州で、逆にインソーシングによって公共を取り戻す運動が広がっていたのとは対照的な事態が噴出したのである。

⑶　新たな圏域行政論の登場と公共サービスの産業化

2009年8月に民主党政権が発足する。同政権は「地域主権改革」を訴えたが、道州制や規制緩和、「新しい公共」の導入を掲げており、それまでの地方分権改革の流れを大きく転換することはなかった。東日本大震災後の2012年12月には、民主党政権は終焉し、第二次安倍晋三政権が発足する。

この第二次安倍政権の下で、新たな地方制度改革の流れが強まることになった。その起爆剤になったのが、2014年5月の日本創成会議による増田レポート（「自治体消滅」論）であり、それを前提にした地方創生政策の開始であった[23]。人口予測によって消滅可能性都市をリストアップし、合併という選択肢に加えて、中核都市をコアにした連携都市圏づくりと人口戦略のトップダウン的な推進体制の構築を図ったのである。地方創生総合戦略には数値目標が設定され、そのなかには学

23　増田レポートと地方創生政策の批判については、岡田知弘『「自治体消滅」論を超えて』（自治体研究社、2014年）、岡田知弘・榊原秀訓・永山利和編『地域と自治体第37集　地方消滅論・地方創生政策を問う』（自治体研究社、2015年）参照。

校の統廃合を含む公共施設等の縮減も入れられ、国の施策に対応した数値目標が達成できたところほど予算配分を多くする財政誘導策が盛り込まれた。後にマイナンバーカード普及率をその評価指標に入れるなど、国による財政誘導策は強化されてきている。

ちなみに、自民党の2014年総選挙の政権公約には、「道州制の導入に向けて、国民的合意を得ながら進めてまいります。導入までの間は、地方創生の視点に立ち、国、都道府県、市町村の役割分担を整理し、住民に一番身近な基礎自治体（市町村）の機能強化を図ります」と書かれていた。「機能強化」とは、当然、合併あるいはそれ以外の手段での広域自治体の形成を意味していた。「地方創生」は、道州制導入までの間の過渡的な地方政策という位置づけであった。

⑷ 「自治体戦略2040構想」

そのための制度的枠組みは、2018年の「自治体戦略2040構想」という総務省研究会報告として準備される[24]。2040年までの人口減少を大前提におき、その前に情報技術を活用することで自治体職員を半減させるとともに、広域的な情報システムを構築し、都道府県や市町村という二層制の地方制度ではなく、中核都市以上の大都市を核にした圏域行政に行財政権限を与えることや、都道府県域を超えた広域行政体づくりを提言したのである。自治体職員が少なくなるため、情報技術を活用して新しい公共私の協力関係の構築も提言していた。

実は、この2040構想の基本的な発想は、前述の山﨑論文の最終節「これからの地方統治構造」で描かれている[25]。同論文では、これまで

---

24 「自治体戦略2040構想」及びその具体化を図った第32次地方制度調査会答申を詳細に検討した白藤博行・岡田知弘・平岡和久『「自治体戦略2040構想」と地方自治』（自治体研究社、2019年）、榊原秀訓・岡田知弘・白藤博行編『地域と自治体第39集 「公共私」・「広域」の連携と自治の課題』（自治体研究社、2021年）を参照されたい。

25 前掲山﨑論文、939頁以下。

の地方統治構造の改革は、人口増加という背景の中で行われてきたものであり、それに次ぐ人口減少直前の局面で行われた地方分権改革や「平成の大合併」とは異なる「人口収縮局面」に今や立っている。そこで、「これまでと異なる発想が求められている。それは地方政府のサービス供給体制の思い切った効率化による再構築です」と。その具体的な内容を次のように述べている。「発達したICTの下では市町村合併のようにもはや地方政府を一つに再編成することは必ずしも必須のものではなくなるように思われます。サービスの供給のやり方をできるだけ効率的なものにし標準化すること、それをアウトソーシングしネットワーク化すること、これがこれからの地方統治構造改革のカギとなるように思うのです」。また、「現在のように都道府県と市町村という二層の地方政府をリジッドにしておくべきかどうかということも課題」であり、都道府県と市町村の「二層制の壁も乗り越えた新しい地方統治構造」を模索していく必要があるとも述べている。

ここでの議論の特徴は、地方自治体が地方政府という言葉として表現され、しかもそれはあくまでもサービス供給主体として把握されているという点である。このサービスを「効率的」に供給し、かつ「標準化」してアウトソーシングをすすめるために、発達したICTを活用すれば、全国一律の市町村合併政策のような「再編成」は不必要であり、人口減少にも柔軟に対応できるという論旨のようである。住民自治という視点から見ると、わずかに基礎自治体については「住民参加の単位」として指摘されているだけである。それは、主権者として、個々の地方自治体の団体自治によって地域住民の福祉の増進を図るために地域の個性にあったサービスや地域づくり、地域課題の解決を図るというような地方自治体の像ではない。あくまでも、「中央政府」とICTによって結ばれた「地方政府」と「国民」が、情報とサービスによって結合され、必要なサービスはアウトソーシングされる公共サービスの担い手（それは、民間企業でも構わない）ということになる。

そこには、もはや地方自治体の団体自治も住民自治も存在していないといえる。「中央政府」が、万能の知恵と力を発揮し、人口減少問題だけでなく、あらゆる社会問題を効率的に解決する未来が待っているということであろうか。このような超憲法的、いや反憲法的な「中央政府」や「地方政府」像は、どれだけリアルなものなのだろうか。また、そのような制度を導入するために、「人口減少局面」というのは、どれほどの導入根拠をもっているのだろうか。人口減少という状況は、既に述べたような「グローバル国家」論による労働市場や国・地方自治体の構造改革、選択と集中政策の結果として生み出されたものである。山﨑論文が描くような「地方統治構造」改革は、これまでの延長線にあり、さらなる問題の深刻化を生み出すだけであろう。

5　軍事優先の新たな中央集権化の動きと対抗軸

(1)　地方自治法改正の立法根拠

今回の「補充的指示権」を盛り込む地方自治法改正の「立法事実」について、政府はコロナ禍における地方自治体の対応の遅れや不味さをあげているが、それが「事実」ではないことは、本書の他章で明らかにしていることである。法改正を求めた第33次地方制度調査会では、答申をまとめる直前まで現法案にあるような「国民の安全に重大な影響を及ぼす事態」という表現の代わりに「非平時」という用語を使っていた。これは、明らかに「有事」のことであり、それは戦争という事態を想定したものである。

この言葉を使えなかったのは、憲法に抵触するからである。岸田文雄自民党政権は、地方自治法改正によって、国家が地方自治体の上に立って、上意下達の指示体制を構築する、すなわち明治憲法下と同様の地方統治構造をつくることを目指しているといえるし、憲法審査会でも、改憲派議員はそのような緊急事態条項の盛り込みを求めた発言を繰り返している。これらの法的問題については他章に譲るとして、ここでは、その改定を推進する岸田政権の「立法根拠」は、明らかに戦争準備態勢の構築であり、軍拡と経済安全保障法体制の整備の一環であるという点を改めて強調しておきたい[26]。軍事国家化は、中央集権化を必然的に伴うからである。

一方、政府があげるコロナ対策については、逆に、「アベノマスク」や「学校の一斉休校」に象徴される中央政府＝国の非科学性と無能さこそが問題であり、デジタル化の遅れが問題ではなかったことは明らかである。また、大規模自治体におけるワクチン接種や各種給付金についてのアウトソーシングの失敗も目立った。逆に、小規模自治体においては、予防や各種給付事業において施策効果の優位性が明らかとなった[27]。現場を知らない国が指示権を発動し、行政サービス等の代執行を行うことほど、国民や住民にとって危険なことはないといえる。

⑵　経済安全保障法体制下の能登半島地震

現場を知らない国が、地方自治法改正に先立って、「指示権」を実質的に行使している例として、2024年元日に起きた能登半島地震への対応があげられる。石川県は、復旧・復興本部を2月1日に立ち上げた。これまでの震災では、被災現場の基礎自治体の首長や学識経験者もメンバーに入った復興構想会議がつくられて、そこで復興理念や方策が議論されてきた。しかし、能登半島地震の場合は、形式上は県の部長級幹部からなる復旧・復興本部において「創造的復興に向けた基本方

26　岡田知弘「岸田政権の『新しい資本主義』論と経済安全保障・DX」岡田・中山徹・本多滝夫・平岡和久『デジタル化と地方自治』（自治体研究社、2023年）、岡田知弘「岸田大軍拡と地方自治の未来」住民と自治2023年9月号。

27　岡田知弘「国と地方自治体はコロナ禍にどう向き合ったのか」朝岡幸彦・水谷哲也・岡田知弘編著『感染症と教育』（自治体研究社、2024年）参照。

針」のあと「創造的復興プラン」を策定し、県議会で承認をとる手順を踏んでいる。しかし、復旧・復興本部会議の会議資料の座席表をみると、26人のうち、古賀政府現地災害対策本部長以下9名が各省庁からの直接派遣組であり、知事や県警本部長を除く県幹部15人のうち5名が震災前から国によって派遣されている国家公務員である。これは、地方創生政策の一環として石川県が受け入れており、県の人口規模からみるとかなり多いといえる[28]。

つまり、外見的には石川県が決定しているように見えるが、実質的には県庁各部局の方針に国の担当官庁が強い発言力をもっている可能性が強いということである。例えば、2月1日の「創造的復興」論がでてきた際に、馳知事が真っ先に口にしたのが、奥能登4病院を統合した能登空港病院構想であり、さらにマイナンバーカードの被災現場での活用であった。いずれも、厚生労働省やデジタル庁の意向が強く反映したものである。被災地における住宅や事業所の倒壊、高齢化が進む孤立集落での交通手段の不足、病院や介護施設での人手不足、そして電気や水道の不通が続く中での避難生活の実情から大きくかけ離れたものであり、「必ず能登に戻す」という上から目線のスローガンとともに県民の反発を受けることになる。

さすがに5月21日発表の「石川県創造的復興プラン（仮称）案」では、露骨な表現は避けているが、各部局とも中央省庁の縦割り行政の支援策メニューをまとめた形になっており、公的解体も進まず、二次避難所や仮の住処に避難している住民が、自分たちの街や集落で、どのように生活と生業を再建していくかという道筋や展望が見えない文案となっている。

すでに、国土交通省は、3月22日に被災した能登地域7市町に対して、予備費による直轄調査を実施するという計画策定支援スキームを

28　内閣人事局「国と地方公共団体との間の人事交流の実施状況」2023年10月1日現在。

決めており、被災した基礎自治体の復旧・復興計画への直接的関与を開始しているのである[29]。

さらに、危惧すべきことに、馳知事は3月28日開催の「第2回復旧・復興本部会議」の総括発言において、「災害と国防の一体化」ということで、自衛隊の輪島駐屯地や能登空港の国防機能強化を示唆する発言をあえて行っている。岸田軍拡内閣の下での「復興」方策としては、ありえる方向である。しかし、軍事施設ができ、自衛官やその家族が移住したとしても、被災地で暮らしていた住民の生活再建ができなければ、それは復興とはとても呼べない。むしろ「棄民政策」といった方がいいだろう[30]。

⑶ 「人口戦略レポート」（新増田レポート）の落とし穴

能登半島地震からの復旧が遅々として進まず、人口流出が続く中で、ある国会議員がSNSで、「復興よりも移住促進を」「選択と集中で中心都市に移住を」と発言し、それが拡散する状況が生まれた。それを受けたかのように、4月9日に開催された財政制度等審議会財政制度分科会では、今後の復旧・復興にあたっては、コストを念頭に「集約的なまちづくり」をすべきだという提言がなされた（東京新聞24年4月17日）。記者会見に登場したのは、同分科会の分科会長代理の増田寛也氏であった（ちなみに、会長は十倉雅和経団連会長、住友化学会長である）。増田氏は、2014年に「自治体消滅」論（いわゆる増田レポート）を日本創生会議の座長として発表し、その後の第二次安倍政権における地方創生政策を生み出し、「選択と集中」を柱にした国土政策とコンパクトシティ、そして山﨑重孝氏も関与した連携中枢都市圏制度づく

29　遠州尋美ほか「緊急アピール　被災者主体の復興の道をめざして—国交省直轄調査による『計画策定支援』への懸念」2024年4月4日。

30　能登半島地震については、岡田知弘「能登半島地震から考える地方自治と自治体の役割」デジタル自治と分権第1号（通巻95号）、2024年7月を参照。

りにつながる制度改革に関わった人物である。今回の能登半島地震における復興方向についての提言も、コンパクトシティ論に基づくものであった。

その増田氏が、4月24日に、今度は人口戦略会議副議長という立場から、新増田レポートともいわれる「地方自治体『持続可能性』分析レポート」なるものを、再びマスコミ工作をして鳴り物入りで発表した。同会議も、日本創生会議と同様、「民間組織」であり、事務局を担っているのは、増田レポートで人口推計を行った北海道総合研究調査会であり、実務幹事のひとりには、厚生労働省出身で地方創生推進室長も務めた内閣官房参与の山崎史郎氏が入っている。同会議の議長は、三村明夫氏（新日鉄会長、日本商工会議所会頭、経団連副会長を務めている）であるが、実質的には副議長の増田氏が中心に座っている。

このレポートは、旧増田レポートの推計後10年経過した時点での、消滅可能性自治体のリストアップを、人口の自然増減、社会増減という要素を加味して、再度計算し直したものであり、旧増田レポートに比べ、社会的インパクトは大きくなかった。

ただし、同レポートの推計は、その後の岸田政権における政策策定において、活用されていくことになる。まず、6月10日のデジタル田園都市国家構想実現会議による「地方創生10年の取組と今後の推進方向」という文書で参考とされ、さらに6月21日の経済財政諮問会議の「経済財政運営と改革の基本方針2024」にある「5　地方創生及び地域における社会課題への対応」にも盛り込まれる。そこでは、「デジタルの力を活用して地方創生を加速させるとともに、行政区域にとらわれず暮らしに必要なサービスが持続的に提供される地域生活圏の形成や地方と東京の相互利益となる分散型国づくり等を進め、デジタル田園都市国家構想を国土形成（ママ）に展開する」とされており、山﨑論文の基調がそのまま続いていることがわかる。

だが、この新増田レポートでも、旧レポートと同様、10年にわたる地方創生政策によって、なぜ人口減少・少子化と東京への人口の集中を食い止められなかったのか、なぜ東京都の合計特殊出生率が下がり続けて、人口移動の「ブラックホール」構造になっているのかについての分析はなされていない。そもそも第二期地方創生計画を策定するにあたって、第一期計画の目標が達成されなかったことについての検証は、増田氏が座長を務める〈第２期「まち・ひと・しごと創生総合戦略」策定に関する有識者会議〉ではなされていない。政策の方向性を定めた人物が、検証の中心となり、さらに地方創生の10年を振り返り、今後の政策を提案するとしても、従来の自分たちの「選択と集中」や「効率性」の追求といった政策枠組みを根本的に見直すことにはならないのは当然である。また、いくら「戦略」や地方制度いじりをしたとしても、現実の分析をしないことには、政策的有効性をもちえないのは当然である。

このことは、東京都における就業機会の増加と格差と貧困の広がり、さらに地価や物価上昇による単身青年の増加と結婚難、住宅難という問題にもつながるし[31]、能登半島地震被災地の被害と災害対応のありようからも明らかな点である。能登半島の戦後史を見るならば、高度経済成長期から過疎化が進行していた。それを加速させたのは、1980年代半ばからの経済構造調整政策や経済のグローバル化政策による、農業、林業、漁業の衰退であり、地場産業の後退であった。2003年の関西電力・中部電力・北陸電力による珠洲原発計画凍結宣言を機に、能登半島では第三セクターのと鉄道の廃線がつづくとともに、石川県の市町村合併推進政策の結果、輪島市や七尾市で合併が進み、これが人口減少を加速させた。**図表１－１**は、その結果、2005年から20年まで

31　山本由美・久保木匡介・川上哲・東京自治問題研究所編『徹底検証！　東京都政』（旬報社、2024年）参照。

図表1－1　石川県被災地の市町別職員数及び人口増減率

	市町職員数（一般行政職）				人　口 増減率
	2005年	2020年	増減数	増減率	
金沢市	1,793	1,655	－138	－7.7％	2.0％
七尾市	561	385	－176	－31.4％	－18.6％
輪島市	385	270	－115	－29.9％	－25.0％
珠洲市	233	166	－67	－28.8％	－28.3％
穴水町	96	86	－10	－10.4％	－25.1％
能登町	310	207	－103	－33.2％	－28.0％

（出所：総務省「決算カード」から作成）

の間に高水準の人口減少が続くとともに、それを上回る公務員の削減がなされ、災害対応力が大きく減退したことがわかる。とりわけ、合併して役場が無くなった周辺地域の産業後退や人口減少、災害対応力の衰退は顕著であった。この間、石川県の農林業・土木職員も４分の１近く減少しているのである。

日本列島の人口減少地域には、このような社会経済的要因が同様に存在しており、その困難さを生み出した主因が、とりわけ1980年代以来の政府による経済財政政策や産業政策、労働政策、そして国土政策、自治体合併政策における、効率性重視、規制緩和による公共部門の縮小と市場化・産業化政策の失敗であった。それを抜きに、個別自治体の人口対策や若い女性に責任を求めるかのような少子化対策をいくら場当たり的に行っても、根本的な解決にはならないだろう。経団連が求めてきた「グローバル国家」型構造改革政策の抜本的転換なしには、日本経済再生の基盤となる地域経済や社会の再生、維持は極めて難しいといえよう[32]。

人口の動きに対して適合的な「地方統治構造」をつくるという山﨑論文や「自治体戦略2040構想」の発想は、例えば自治体合併や公務員

32　岡田知弘「21世紀日本の地域経済構造の変容」季刊経済理論59巻3号（2022年）、岡田知弘「公共の民営化路線40年の到達と［公］の再建」経済2024年7月号参照。

の削減が、とくに地方での人口減少を加速したという因果関係を見ていないし、自由貿易主義に走った産業政策との関連性、さらに災害対応との関係性も見ていなかったのである。ここに公共政策、地域政策としての大きな落とし穴があり、さらに住民自治を徹底的に無視、否定し、公共サービスの主体としてしか地方自治体の団体自治を考えていないという根本的な弱点があったといえる。

加えて、この間の地方創生政策による公共サービスのアウトソーシングが、計画や施策の立案から執行過程、さらに公共施設やふるさと納税も含めて、いかに一部の企業の私的利益の実現手段となって、本来の地方自治体の目的から乖離したものになっているかは、週刊東洋経済2024年5月11日号において「喰われる　自治体」というショッキングな特集タイトルの下で、生々しく報道されている。さらに、この間、国家公務員及び地方公務員の早期退職・転職が増えてきている（日本経済新聞2024年5月31日付夕刊）。「公務」、「公共」が、一貫して蔑ろにされ、さらに民営化の名の下で利益目的の企業が参入するなかで、ある意味当然の自壊現象だといえる。だが、これでは、地域も国も、社会的持続性がなくなるのは目に見えている。地方創生政策の10年を振り返ろうとするならば、この側面にもメスを入れるべきであった。

他方、人口減少問題や少子化問題で、厳しい中でも安定的な人口定住を実現している自治体は、実は「小さくても輝く自治体フォーラム」に集まる住民自治に基づく地域づくりを系統的に行ってきた町村に多く見られるし、全国市長会の調査でも地域コミュニティが充実している都市自治体ほど出生率が高いという傾向が明らかになっている[33]。問題は、総務省が推進した地方統治構造の改革＝「平成の大合併」にあったことも、もはや否定しようがないといえる。むしろ、地方自治体

33　前掲『住民に身近だからこそ輝く自治の軌跡』及び、全国市長会少子化対策・子育て支援に関する研究会「人口減少に立ち向かう都市自治体と国の支援のあり方」2015年5月、参照。

の地域づくりが、いかに主権者である住民の主体的参加の下に行われ、住民のためになっているのかということこそ、問題の要なのである。

おわりに

コロナ禍の下で「経済性」（短期的な金儲けの追求）と「人間性」（命と人間らしい暮らしの尊重）の対立が、国レベルでも、地方自治体レベルでも先鋭化した。後者に基づく主体的な運動こそが、一人一人が輝く持続可能な社会への道を切り開くといえる。

例えば、2021年8月、日本最大規模の自治体である横浜市で、カジノ反対を掲げた山中竹春氏が、市民と野党の共同の取り組みによって、現職市長や首相推薦候補を抑えて圧勝した。3年にわたる区単位からの市民運動と住民投票直接請求運動が市政転換の原動力になったといえる。

翌2022年6月には、東京都杉並区長選挙で、住民との対話、公共の再生を重視し、女性を中心とした市民との連携を強めた岸本聡子氏が勝利した。住民生活の向上と民主主義の再生を目的にした新しい形での革新的自治体が誕生したといえる。ここでも多様な住民運動が基礎にあった。

同年12月には、保坂展人世田谷区長らの呼びかけでLocal Initiative Networkが結成された。このネットワークは、地方から、伝統的既得権や新自由主義的な公的セクター解体ではなく、一人ひとりの人権と尊厳を大事にした「いのちの政治」に転換していくことをめざしている。

岸本杉並区長は、在欧時代に、スペイン・バルセロナ市のコウラ前市政から多くを学んだという。同市政は、水道再公営化、自然エネルギー供給会社設立のほか、インバウンドブームの終焉で出現した多くの空き家の放置を禁止するため、開発業者に住宅、公共施設への転換を義務づける条例もつくっている。さらに大企業や国家を恐れない「フィアレスシティ」のネットワークもつくった。同市のデジタル化については、EU の一般原則の上に、市民参加のプラットフォームをつくり、「個人データは企業や政府のものではなく、それをもつ人自身のものである」という「データ主権」の思想を具体化している。

岸本杉並区政では、昨秋以降、中学校までの学校給食の無償化や、区民参加型予算の枠をつくって市民参加を志向したり、「気候区民会議」を発足させ、地球環境問題を都市部から解決するための挑戦的な施策を展開してきている。指定管理者の本格的な調査も実施し、その民主化と地域化をすすめるとも表明しており、公共を主権者である住民の手に取り戻す取り組みとして大いに注目される。

地域のことは、主権者である住民自身が決めるという地方自治の理念は、歴史的にも、世界的にも普遍である。そして住民一人ひとりが輝く地域づくりを実現する試みは、日本では小規模自治体で実践されてきたことである。これは、本論で述べたようにコロナ禍でも発揮されたことであり、大きくなりすぎた自治体は、地域自治組織を充実させて、地域内分権を徹底するか、自治体の分離・分割も検討の対象にすべきである。それは、何よりも、一人ひとりの住民の幸福追求権を保障し、最低限の健康で文化的な生活をつくりあげるためである。

一部の企業や利害関係者だけが利益をえる地方自治体ではなく、また戦争の論理で中央集権化をすすめる国に従属する自治体ではなく、現行の平和憲法と地方自治法の理念に基づき、各地域の実情に合わせて圧倒的多くの住民の福祉の向上のために地方自治体を変えていくことが必要であるし、それが可能であることを、これらの自治体の動きは示しているといえる。

第Ⅱ部
国の自治体に対する「補充的指示権」をめぐって

第2章
「特権的指示権」にみる「逆分権化」の危険な徴候

白藤博行

はじめに

1993年の衆参両院の決議から本格的に始まった「地方分権改革」の理念やその成果といわれる1999年改正地方自治法の趣旨・目的については、一般的・抽象的には評価されるところである。ただ、国・地方関係が「対等・協力」関係であるといった規範論を肯定するならば、両者の関係は、本来、対等・並立・協力の「双方的関与」関係であるべきと主張してきた筆者の立場からすれば[1]、同法の個別的・具体的な内容については、さまざまな批判的な見解も示してきたところである（第145回衆議院行政改革に関する特別委員会参考人質疑をはじめとして、「地方分権改革」及び1999年改正地方自治法についての拙稿を参照のこと）。この点からすれば、故西尾勝のいうところの「未完の分権改革」とは異なる意味で、なおも「未完の分権改革」であるというしかない。否、憲法附属法たる地方自治法は憲法が保障する地方自治の具体化法であると考えるところからすれば、いまだ「未完の地方自治改革」にとどまるというしかない。

このように憲法の地方自治保障を実現するためであれば、地方自治法は持続的な改正を必要とすることについては当然であるが、2024年3月1日に閣議決定され、第213国会に提出された「地方自治の一部を改正する法律案」（以下、「改正法案」。ただし、あくまでも形式的な意

1　白藤博行「第9章　国と普通地方公共団体との関係」室井力・原野翹『新現代地方自治法入門』（法律文化社、2000年）287頁以下。

味で「改正案」というだけであり、実体的な意味で「改正」というわけではない。）はどうであろうか。特に現行地方自治法第11章「国と普通地方公共団体との関係及び普通地方公共団体相互間の関係」における「普通地方公共団体に対する国又は都道府県の関与」（以下、「通例的関与」という）とは別に、第14章（以下、「特例的関与」という）を新設するという改正内容はどうであろうか。改正法案は第33次地方制度調査会（以下、地制調ともいう）答申（2023年12月21日）を踏まえたものであるといわれるが、そもそも同専門小委員会における「平時」・「非平時」における国・地方関係論は煮詰まってもいなかったので、大いに疑問の残るところである。すなわち、「平時」における通例的関与と「非平時」における特例的関与とを明確に区別するというが、憲法が保障する地方自治及びその具体化法である地方自治法との関係での検討がほとんど議論されていないのではないか。そこで、本稿では、本改正法案の内容について、その理念、構造及び機能について、「地方自治をめぐる憲法の原理と国家の論理」といった視点から、できるだけ体系的かつ逐条的に検討することにしたい。

1　特例的関与制度の立法事実の検討

⑴　第33次地制調の「非平時」論から改正法案の「国民の安全に重大な影響を及ぼす事態」論へ

第33次地方制度調査会は、「社会全体におけるデジタル・トランスフォーメーションの進展及び新型コロナウイルス感染症対応で直面した課題等を踏まえ、ポストコロナの経済社会に的確に対応する観点から、国と地方公共団体及び地方公共団体相互間の関係その他の必要な地方制度のあり方について、調査審議を求める」との内閣総理大臣の諮問（2022年1月14日）に応じて、2023年12月21日、「ポストコロナの経済社会に対応する地方制度のあり方に関する答申」を手交した。

地制調では、新型コロナウイルス感染症等への対応が迫られた緊急・非常事態を「非平時」概念のもとで議論したところに大きな特徴があった。この「非平時」概念は、第 3 回「デジタル時代の地方自治のあり方に関する研究会」（2021 年 6 月 4 日）で初めて登場したといわれるが、地制調の実質的な議論を行ってきた専門小委員会では、「非平時」における国・地方関係のあり方の議論が重ねられてきた。ところが、第 18 回専門小委員会において、突然、それまでの「非平時」論は、「国民の安全に重大な影響を及ぼす事態に対する対応」といったタイトルで整理するとの事務局説明があり、「非平時」=「国民の安全に重大な影響を及ぼす事態」といった議論枠組みが出来上がった。突然とはいうものの、第 17 回専門小委員会において「非平時における地方制度のあり方を検討する必要性について」の「考え方」が示されたことを契機としている。それは、第 15 回専門小委員会の資料「一般に、非平時において国が一定の役割や責任を果たす必要があると考えられる事態としては、事態の性質としては、国民の安全に重大な影響を及ぼすものであり、国民の生命、身体及び財産の保護のために必要な措置の確保が求められる事態ということができるか。その上で、国が果たすべき役割や責任には非平時の段階によっていくつかの内容が考えられることから、それぞれ個別具体的な内容に応じて、対処すべき事態について規模・態様に応じて限定したり、要件を付け加えることになるのではないか」（「審議項目 2 関係資料（非平時に着目した地方制度のあり方関係）」6 頁）といった問題提起を受けたものである。

このような「事態の性質」に着目する考え方は、「地理的な概念ではなく、事態の性質に着目したものである」とした「日米防衛協力に関する指針」（1997 年 9 月 23 日）に由来するのであると推測可能である。この考え方は、「周辺事態に際して我が国の平和及び安全を確保するための措置に関する法律」においても維持され、どのような事態がこれに該当するかは、事態の態様、規模等を総合的に勘案して判断されることになるともいわれる[2]。上記の専門小委員会で示された考え方が、そもそも「有事法制」の基本的考え方と酷似していることがわかる。ここでは、さしあたり改正法案の「国民の安全に重大な影響を及ぼす事態」概念が、まずは「国民の安全に重大な影響を及ぼす」といった「事態の性質」に着目した概念であり、その「事態」概念の本質は、「非平時において国が一定の役割や責任を果たす必要があると考えられる事態」であり、「国民の生命、身体及び財産の保護のために必要な措置の確保が求められる事態」であることだけを確認して先に進みたい。

そして地制調答申では、「個別法の規定では想定されていない事態」（答申では、「個別法」とは「個別行政分野の関係法」とされる）であり、個別法に基づく措置が講じられない場合、すなわち「国民の安全に重大な影響を及ぼす事態」において国が果たすべき役割と責任を明確化することを目的として、一般法である地方自治法で規定することが提言されることになる。

⑵　特例的関与制度の全体構成

改正法案における特例的関与は、まずは第252条の26の3において、「大規模な災害、感染症のまん延その他の及ぼす被害の程度においてこれらに類する国民の安全に重大な影響を及ぼす事態」が「国民の安全に重大な影響を及ぼす事態」と総称され、このような事態が発生または発生するおそれがある場合において、各大臣又は都道府県知事その他の執行機関が「国民の生命、身体若しくは財産の保護のための措置」（「生命等の保護の措置」）を講じ、又は、普通地方公共団体が講ずる「生命等の保護の措置」についての関与を行うにあたって、「資料及び意見の提出」といった関与ができることが定められている。

2　『法令用語辞典』第10次改訂版（学陽書房、2019年）。

このほか同第252条の26の4から同第252条の26の10までにおいて、「事務処理の調整の指示」、「生命等の保護の措置に関する指示」、「普通地方公共団体相互間の応援の要求」、「都道府県による応援の要求及び指示」、「国による応援の要求及び指示等」、「職員の派遣のあっせん」及び「職員の派遣義務」が定められている。

⑶ 特例的関与にかかる衆参両院の議論

改正法案の審議は、2024年5月7日の衆院本会議から始まり、実質的には同総務委員会にかかることになる(2024年5月30日に衆院本会議において可決、その後参院に付託)。審議中、総務大臣は、改正法案の立法事実・理由について、「個別法の規定では想定されていない事態」における国の役割と責任を明確化することに意義があり、個別法がカバーしきれない想定外の法の穴を埋めるための措置について要件と手続を明確に定めることで法治主義に適った改正であるとの趣旨の答弁を繰り返した。しかし、「国民の安全に重大な影響を及ぼす事態」に具体的にどのような事態が該当するかについては、「特定の事態の類型を念頭に置いているものではなく、実際に生じた事態の規模や態様等に照らし、その該当性が判断される」との旨を繰り返すだけで何も明らかにされなかった。しかも、「現時点で具体的に想定できるものはありませんが、本改正は、今後、想定ができない事態が生じ得るものであり、そうした場合に備えるもの」との答弁まで行い、いかにも立法事実がないことの自白に聞こえた。たしかに「想定ができない事態が生じ得る」といわれれば、「想定ができない事態が生じ得ない」という「悪魔の証明」は困難であろうが、なぜか「武力攻撃事態等及び存立危機事態における我が国の平和と独立並びに国及び国民の安全の確保に関する法律」(以下、「事態対処法」)に関しては、「想定ができない事態が生じ得ない」と答弁し、改正法案の「国民の安全に重大な影響を及ぼす事態」における特例的関与を適用する余地はないと断言する。災害対策（災害対策基本法）や感染症（新型コロナ特措法）などの経験から、「大規模な災害、感染症のまん延」に起因する「国民の安全に重大な影響を及ぼす事態」を想定できるならば、そして、「その他の及ぼす被害の程度においてこれらに類する国民の安全に重大な影響を及ぼす事態」を想定できるならば、なぜ事態対処法の規定では想定されていない事態が発生または発生のおそれがないと断言できるのか、摩訶不思議な答弁である。

たとえば事態対処法における「存立危機事態」について具体的に考えてみよう。たしかに事態対処法においては、存立危機事態は日本国が直接武力攻撃対象となる「武力攻撃事態等」（武力攻撃事態＋武力攻撃予測事態）とは区別され対処措置が規定されている。その限りで、総務大臣が答弁するように、存立危機事態についても法律で必要な規定が設けられており、本改正法案に基づく特例的関与を行使する余地がないほど完璧であると主張することは可能である。他国（例えばアメリカ、台湾等の同盟国・同志国）に対する武力攻撃の発生を契機として、これに対して日本による武力行使が開始され、そのことにより日本が直接武力攻撃を受けた場合と同様の深刻で重大な影響が及ぶことが明らかになる状況が、客観的、合理的に判断して認められるような存立危機事態であれば、いわゆる集団的自衛権の行使も法的には可能となるとの考え方からすれば、このような明白な存立危機事態は事態対処法で対処可能であろう[3]。しかし、そのような場合は現実的にありう

3　仲野武志は、存立危機事態について、「我が国と密接な関係にある他国に対する武力攻撃が発生したことにより、そのまま放置すれば我が国に対する武力攻撃が発生し、かつ、それによる被害が生ずることを防止することができなくなるに至る明白な危険が生じた場合」を「原則的な場合」とし、「我が国と密接な関係にある他国に対する武力攻撃が発生したことにより、我が国に対する武力攻撃が発生したとすれば生ずることあるべき被害と同様の被害が生ずる明白な危険が生じた場合」（傍点は仲野自身）を「例外的な場合」とする（『防衛法』（有斐閣、2023年）183頁）。両者ともに「明白な危険」を要件としながらも、その潜在性・顕在性による区別であるが、現実的には微妙な判断が求められよう。

るのだろうか。憲法学者の長谷部恭男は、安保法制違憲訴訟仙台高判2023年12月5日を評釈する中で、「他国が攻撃されたにもかかわらず、日本が直接攻撃されたのと同様の損害を日本が被ることは、現実的にはあり得ない」と断じる。もしそうだとすると、「存立危機事態の存立可能性」は否定されることとなり、存立危機事態における自衛隊の防衛出動を定めた自衛隊法第76条1項も死文化することになる[4]。長谷部のように存立危機事態の存立可能性を否定しないまでも、事態対処法の存立危機事態の要件は満たさないが、つまり事態対処法では想定されていない事態であるが、改正法案のいうところの「国民の安全に重大な影響を及ぼす事態」の発生あるいは発生のおそれがある場合に該当する事態は生じないといえるかどうかが問題である。事柄は集団的自衛権の行使にかかる問題なので軽々に論じられないが、そのような事態がなければないでそれに越したことはないが、「他国に対する武力攻撃の発生を契機とする武力の行使は、我が国が武力攻撃を受けた場合と同様な深刻、重大な被害が及ぶことが明らかな状況が、我が国に戦禍が及ぶ蓋然性、国民がこうむることとなる犠牲の深刻性、重大性などから客観的、合理的に判断して認められる場合に限られる」という厳格かつ限定的な解釈が維持されればされるほど、存立危機事態の要件を満たしたかたちで国の果たすべき役割と責任の履行が困難になるというジレンマに陥ると考える者がいても不思議ではない。そのような事態において、改正法案の「国民の安全に重大な影響を及ぼす事態」における「生命等の保護の措置に関する指示」の発動がなされるのではないかという疑念は払拭できない。

このような問題は「緊急対処事態」にもあてはまる。事態対処法第21条が「武力攻撃事態等及び存立危機事態以外の国及び国民の安全に重大な影響を及ぼす緊急事態に的確かつ迅速に対処するものとする」

4 長谷部恭男「存立危機事態の存立可能性」世界2024年6月号73頁以下。

としたうえで、同法第22条は緊急対処事態（「武力攻撃の手段に準ずる手段を用いて多数の人を殺傷する行為が発生した事態又は当該行為が発生する明白な危険が切迫していると認められるに至った事態で、国家として緊急に対処することが必要なもの」）における「緊急事態措置」について、内閣総理大臣の指示権の行使など、武力攻撃事態等及び存立危機事態と比べて限定的に規定する。緊急対処事態として想定されていない事態についての特例的関与、特に「生命等の保護の措置に関する指示」が隠されていないのかの危惧が残る。

また、「武力攻撃事態等における国民の保護のための措置に関する法律」（国民保護法）も、武力攻撃事態等及び緊急対処事態において、国民の生命、身体及び財産を保護し、国民生活などに及ぼす影響を最小とするための、国・地方公共団体などの責務、避難、救援、武力攻撃災害への対処などの措置を規定している。このような事態発生時において、防衛大臣は、都道府県知事からの要請を受け、事態やむを得ないと認める場合、又は事態対策本部長から求めがある場合は、内閣総理大臣の承認を得て、部隊などに「国民保護措置」又は「緊急対処保護措置」（住民の避難支援、応急の復旧など）を実施させることができるなどと規定する。しかし、そもそも存立危機事態は同法の想定外である。つまり、たとい日本が武力攻撃を受けた場合と同様の深刻で重大な影響が及ぶことが明らかになる状況が、客観的、合理的に判断して認められるような場合が生じたとしても、それは国民保護法が想定しない事態であり、国民の生命、身体及び財産を保護するための措置（国民保護措置または緊急対処保護措置）を講じることはできない事態である。このような場合にも、改正法案の「国民の安全に重大な影響を及ぼす事態」における「生命等の保護の措置に関する指示」の行使が隠れていないか。

このように、「大規模な災害、感染症のまん延」に隠れた「その他その及ぼす被害の程度においてこれらに類する国民の安全に重大な影響を及ぼす事態」は国会の議論を経てもなおまったく輪郭が見えない。曖昧なままの「国民の安全に重大な影響を及ぼす事態」には、「隠された国（各大臣）の関与権」ともいえる特例的関与、特に「特権的指示」（後述）が連動することになり、法的には立憲主義及び実質的法治主義の深刻な問題となるおそれはないか。

ナチスドイツの桂冠学者といわれたC. シュミットは、例外状態における決断者を主権者とする決断主義を貫いた。彼は、ヴァイマール憲法下において大統領の緊急事態権限が明定されていたにもかかわらず、「隠された主権行為[5]」が存在すると喝破し、いかにも国民以外の「隠された主権者」の存在を鼓舞した。改正法案は、C. シュミットのごとき決断主義ではないが、特例事態にかかる特例規定は、法は法でも、特例的関与の要件と効果について、いかにも一般的・抽象的な法概念を駆使して、たとい現時点で想定できない事態であっても、その想定できない事態が生じ得るという根拠なき確信でもって、その事態に対する無限定の措置権限を一定の者（行政権）に例外的に許容するものになっているようにみえる。このような法が国会の多数者の意のままに生産され、そして、このような法が濫用され、例外状態が通常事態にとって代わるような事態がまかり通るようになれば、それはもはや憲法が保障する基本的人権の保障や地方自治とは無縁な形式的法治主義に堕するというものである。

この点では、そもそも改正法案における特例規定という法形式の合理性が問われるのではないか。特例規定の内容いかんによって、憲法

5　市橋克哉は、これを「外典上の主権行為」と呼ぶ。市橋は、改正法案の立法事実とされる故安倍首相による学校の一斉休業措置要請問題について、法から解放された行政の専断権として厳しく批判する。「外典上の主権行為」と翻訳する意味も含めて市橋「行政権の転形と法治主義―新型コロナウイルス感染症対策から考える」本多滝夫・豊島明子・稲葉一将編著『転形期における行政と法の支配の省察』（法律文化社、2021年）3頁以下。

の地方自治の本旨や地方自治法の通例規定を藐視・忽視しかねないからである。つまり、地方自治の根本規範である地方自治法の通例的関与の例外である特例的関与を実定法化することで、憲法の地方自治保障の規範的秩序から国（行政権）を解放することにならないかという危惧があるからである。

⑷ 「非平時」における「国民の安全に重大な影響を及ぼす事態」と特例的関与制度の立法理由の検討

ちなみに、「関与の基本原則」を定めた自治法245条の3第6項は、「国は、国民の生命、身体又は財産の保護のため緊急に自治事務の的確な処理を確保する必要がある場合等特に必要と認められる場合を除き、自治事務の処理に関し、普通地方公共団体が、普通地方公共団体に対する国又は都道府県の関与のうち第245条第1号へに規定する行為に従わなければならないこととすることのないようにしなければならない」（第245条第1号へは「指示」）と定めており、「平時」においても、当然ながら「国民の安全に重大な影響を及ぼす事態」を想定していることがわかる。そうすると、特例的関与の諸規定は、たしかに「国民の安全に重大な影響を及ぼす事態」における「生命等の保護の措置」を定めるが、これは正しくは、「非平時」における「国民の安全に重大な影響を及ぼす事態」における「生命等の保護の措置」にかかる規定であるといわねば立法理由はなりたたない。つまり、単に「国民の安全に重大な影響を及ぼす事態」の発生あるいは発生のおそれがある場合と規定するだけでは、通例的関与とは別に特例的関与の規定を置く立法理由にはならないことになる。くどいが、「平時」における「国民の安全に重大な影響を及ぼす事態」とは区別される「非平時」における「国民の安全に重大な影響を及ぼす事態」に関する規定の不可欠性の立証があってはじめて、特例的関与の規定を必要とする立法理由となりうる。

したがって、問題の核心は、「非平時」とは何かである。ところが、地制調の審議においても改正法案の審議においても、「非平時」の概念の明確な定義がないままに「国民の安全に重大な影響を及ぼす事態」について議論されるのは異常というほかなく、「非平時」概念の明確な定義のない改正法案には、そもそも特例規定を置く立法理由はないといえる。

2 改正法案第252条の26の3（資料及び意見の提出の要求）の検討

(1) 本条の意義と構成

改正法案第252条の26の3は、形式的には「資料及び意見の提出の要求」といった関与にかかる規定であるが、自治法第245条が「関与の意義」を定めるように、「特例的関与の意義」に相当する内容を規定するものである。したがって、ここでは第14章全体の特例的関与にかかる問題を探究する観点から検討する。ちなみに、本条は、以下のようである。

252条の26の3第1項 「各大臣又は都道府県知事その他の都道府県の執行機関は、大規模な災害、感染症のまん延その他その及ぼす被害の程度においてこれらに類する国民の安全に重大な影響を及ぼす事態（以下この章において「国民の安全に重大な影響を及ぼす事態」と総称する。）が発生し、又は発生するおそれがある場合において、その担任する事務に関し、当該国民の安全に重大な影響を及ぼす事態への対処に関する基本的な方針について検討を行い、若しくは国民の生命、身体若しくは財産の保護のための措置（以下この章において「生命等の保護の措置」という。）を講じ、又は普通地方公共団体が講ずる生命等の保護の措置について適切と認める普通地方公共団体に対する国又は都道府県の関与（第245条の4第1項の規定による助言及び勧告を除く。）を行うため必要があると認めるときは、普通地方公共団体に対し、資料の提出を求めることができる。」

【関与主体】は「各大臣又は都道府県知事その他の都道府県の執行機関」である。

【要件】は、「国民の安全に重大な影響を及ぼす事態」の発生又は発生のおそれがある場合

①その担任する事務に関し、国民の安全に重大な影響を及ぼす事態への対処に関する基本的な方針についての検討、又は「生命等の保護の措置」を講ずるとき

②その担任する事務に関し、普通地方公共団体が講ずる生命等の保護の措置について適切と認める普通地方公共団体に対する国又は都道府県の関与（第245条の4第1項定による助言及び勧告を除く。）を行うため必要があると認めるとき

【効果】は、普通地方公共団体に対し、「資料の提出の要求」をすることができる。

※同様に、本条第2項は、「意見の提出の要求」（これは、自治法第245条第3号に該当する）について定める。

⑵ 「国民の安全に重大な影響を及ぼす事態」の認定

繰り返し述べるように、「国民の安全に重大な影響を及ぼす事態」は「個別法の規定では想定されていない事態」とされるが、さらに言い換えれば、それは専門行政領域ごとの個別法でも想定できない事態であるから、地方自治法のような一般法で想定できるはずがない事態であり、これに対処することは、まるでUFOの出現や宇宙人の襲来に備えるようなお話ではないかという疑問が沸くところである。備えあれば憂いなしかもしれないが、過度な備えが地方自治の保障の基本

構造を亡ぼすというような悲しい物語にならないかのおそれを抱くところである。一般法である地方自治法において、およそ個別法で想定し得ない事態を想定して、その事態に対する権限を一般的・抽象的に行政権に授権することは、いわば「白紙委任」であり、行政の授権と統制の法として、できるだけ要件と効果を厳密に定めようとする行政法の世界では想定しがたい話である。

ちなみに地制調専門小委員会では、「非平時」の範囲について、自然災害（災害対策基本法）、感染症（新型インフル特措法）及び武力攻撃（事態対処法・国民保護法）が同時・並列的に議論されてきたところであり、この議論にのっとれば、当然に「武力攻撃災害」等が「非平時」の範囲に含まれることになるはずである。そうすると、改正法案にみられる「大規模な災害、感染症のまん延その他その及ぼす被害の程度においてこれらに類する国民の安全に重大な影響を及ぼす事態」の範囲は、「大規模な災害、感染症のまん延」の範囲に収まることはあり得ず、被害の程度に着目した事態の範囲は融通無碍に拡大することになる。おのずとこのような事態の発生等を要件とする国の関与（特に問題となるのは後述の指示権）の発動の範囲も無限定に広がることになる。したがって、「国民の安全に重大な影響を及ぼす事態」の要件は、そもそも国の関与の発動要件を規定するには無内容な規定ということになる。

それでも、衆院総務委員会の議論では、総務大臣は、「国民の安全に重大な影響を及ぼす事態」そのものの概念を明確にすることなく、このような事態に対して国と地方を通じた的確な対応が可能となるよう、自治法の国と地方の関係を規定する章とは別に新たな章を設け、特例的関与を定め、地方分権一括法（1999年改正自治法）で構築された国と地方の関係の基本原則の下で、国が果たすべき役割を踏まえた限定的な要件と手続を定めており、関与の基本原則等との整合性は担保されているという答弁を繰り返した。本条以下のすべての特例的関与に大きな影を落とす答弁である[6]。

さて、まず指摘しなければならないのは、本条の「資料及び意見の提出の要求」の関与主体が「各大臣又は都道府県知事その他の都道府県の執行機関」とされることの意味である。そもそも地制調の「非平時」論は、「国が一定の役割や責任を果たす必要があると考えられる事態」として出発しており、「国」の役割と責任の明確化が主題であった。ところが「国民の安全に重大な影響を及ぼす事態」について、なぜ都道府県知事その他の都道府県の執行機関もこれを認定できることになっているのであろうか。そもそもこのような事態は極めて曖昧なままであり、全国規模の被害はもちろん、局所的でも被害が甚大である場合等も含まれ、個別具体的な事態の規模・態様を勘案して判断するとされていたところであり、このような「国が一定の役割や責任を果たす必要があると考えられる事態」の認定について、都道府県知事だけでなくその執行機関（教育委員会や公安委員会など）が認定することの合理性や適当性が当然に問題となろう。この点、政府参考人（総務省行政局長）は、「権限の主体である各大臣と都道府県知事その他の執行機関が、その担任する事務に関し、実際生じた事態の規模及び態様、当該事態が可能性の程度等に即して判断するもの」とだけ答弁している（2024年6月13日参院総務委員会）。国の役割と責任との関係でどこに認定権があることが適切か、具体的に答弁すべきところである。

仮に、都道府県知事その他の都道府県の執行機関が「国民の安全に重大な影響を及ぼす事態」を認定し、「普通地方公共団体」（市町村）に対して「資料及び意見の提出の要求」をした場合の問題を考えてみよう。もちろん国（各大臣）は独自に「資料及び意見の提出の要求」

6　衆議院本会議（2024年5月7日）で始まり、同総務委員会（5月14日、21日、23日、28日）の最終日に、附帯決議が付され、5月30日に本会議で可決され、6月5日に参議院に付託された。

ができ、さらに、「事務処理の調整の指示」（第252条の26の4）や「生命等の保護の措置に関する指示」（第252条の26の5）など、次節で検討することになる権力的関与を行うことができる。この点、「大規模な災害、感染症のまん延その他その及ぼす被害の程度においてこれらに類する国民の安全に重大な影響を及ぼす事態（以下この章において「国民の安全に重大な影響を及ぼす事態」と総称する）」の規定ぶりが鍵となる。つまり、「『国民の安全に重大な影響を及ぼす事態』と総称する」と定められていることから、「国民の安全に影響を及ぼす事態」はそもそも第14章の特例的関与全般において一義的ではなく、それぞれの特例的関与の根拠条文に応じて、それぞれの関与主体が区々に認定することになることが前提とされている。たとえば「生命等の保護の措置に関する指示」の場合、「資料及び意見の提出の要求」の場合と違って、関与主体は各大臣に限られ、これに特に強い権力的関与（本稿の視点からすれば、「特権的関与」）の権限の付与が想定されており、「国が一定の役割や責任を果たす必要があると考えられる事態」にふさわしい書きぶり、すなわち「非平時」における「国民の安全に重大な影響を及ぼす事態」についての国の独占的事態認定権といえる書きぶりになっている。

さて、このような国の独占的事態認定権が都道府県の事態認定権との関係において問題となることはないのであろうか。たとえば「国民の安全に重大な影響を及ぼす事態」の認定にかかわって、複数の都道府県知事その他の都道府県の執行機関が同一の事象に関する異なる認定を行って、「生命等の保護の措置」を講じた場合はどうか。また、このような事態と措置について、国（各大臣）は国で、独自に「国民の安全に重大な影響を及ぼす事態」を認定して、たとえば「生命等の保護の措置に関する指示」を行うに至った場合、都道府県知事その他の都道府県の執行機関の「生命等の保護の措置」と各大臣の「生命等の保護の措置」との関係はどうなるのか。両者の措置は並行するのか、それとも各大臣の措置が優先的に実施されることになるのか。地方自治をめぐる問題は、山ほど存在する。

(3) 「平時における国・地方関係の一般ルール」と「非平時における国・地方の一般ルール」の関係

そこでここでは、特例的関与全般にわたる問題として、国と都道府県が、それぞれ「国民の安全に重大な影響を及ぼす事態」を認定できると想定しながらも、国だけが普通地方公共団体に対する「生命等の保護の措置に関する指示」などの権力的関与ができるとする場合について考えてみよう。

「非平時」における特例的関与の意義（存在理由）を考える場合、1999年改正地方自治法の関与法制の整備にさかのぼって考えることが有意義であろう。現行地方自治法は、まずは第245条において関与の（基本）類型を定め、個別法においてこの関与の（基本）類型から適当と認める関与形式を選び取って個別の関与形式を定めることを義務づけている。この趣旨・目的は、関与の法定主義の原則を踏まえたうえで、個別法における国の関与の総量の縮減を図るため、個別法による過度な又は恣意的な関与を抑制するための法的枠づけを行うことにあった。ただ、関与の（基本）類型のうち一定のものについては、個別法ではなく地方自治法に一般的な根拠を置くことを許容している。地方公共団体に直接に法的な対応義務が生じる関与であり、たとえば自治事務にかかる是正の要求及び法定受託事務にかかる是正の指示である。ちなみに、「一般法」とは、「国と地方公共団体との関係のルールに関する一般法」（一般ルール法）が観念されており、これにいくつかの関与のルールを明示的に規定すべきとするものであるとされた。しかし、これらは、違法等の是正の目的に限定されており、それ以外の関与については、自治法上の関与の一般原則に従って、個別法で規定されることになっている。一般に、「一般法主義の原則」ともいわれるところであるが、正しくは、「普通地方公共団体に対する国又は都道府県の関与」（自治法第245条第１項本文）について、なにより地方自治法の「一定の規格による統一化ないし標準化を図ることで対処[7]」することを目的としたものであることを考えると、通奏低音として「個別法主義の原則」が流れているというのが適切である。

このような自治法の関与の基本構造（仕組み）は、あくまでも地方公共団体の自主性・自律性を尊重する観点から定められたものであり、地制調答申や改正法案においても、「平時における国・地方関係の一般ルール」（本稿の観点からいえば、「通例的関与のルール」）として尊重されるべきであるとされていることはいうまでもない。

これに対して、改正法案の特例的関与制度は、「非平時における国・地方の一般ルール」を定めようとするものである[8]。この点、地制調第17回専門小委員会（2023年８月９日）において、「非平時」においては、個別法が想定していない事態が生じた場合でも、国が一定の役割や責任を果たす必要がある事態では、必ずしも違法等の是正には該当しない場合であっても、対応を的確かつ迅速に実施するために必要な指示を行うことが考えられるかといった問題提起がなされ、さらに、「非平時の対応に当たっては、各危機管理法制においては、個別に想定される事態において、国民の生命・身体の保護等のための措置を的確かつ迅速に実施することが特に必要であると認められるときには、国は必要な指示ができることとされている」との指摘がなされている。この

7 小早川光郎「「国地方関係の新たなルール―国の関与と係争処理」西尾勝編著『地方分権と地方自治』（ぎょうせい、1998年）106～107頁。

8 ただし、すでに述べたように、「非平時」概念が曖昧な限り、「非平時」を「平時」から明確に区別することには困難を伴い、「平時」から「非平時」への切り替えがシームレスに行われると、そもそも通例的関与と特例的関与とが相対化する危険があることは指摘しておきたい。

時点で、実質的に改正法案の基本方向が定まったようにみえる。

この点を考えるにあたって、地方分権推進委員会の勧告（1999年の地方分権推進計画（閣議決定）に至る中間報告を含む第1次から第4次勧告）にかかる「国地方関係の新たなルール」の小早川光郎の分析が有益である[9]。法定受託事務にかかる「指示」については、①国は、「当該事務の適正な処理を確保するため特に必要がある場合には、個別法の規定に基づき、特に必要のある場合について個別的な指示をすることができ」、②地方公共団体による事務処理に法令違反、著しい不適正かつ明らかな公益侵害が認められるときに限り、その是正または改善のための必要な措置を講ずべき旨の指示が可能であるというように考えていたことがわかる。つまり、①が原則であり、②が例外であるということであろう。そもそも「平時における国・地方関係の一般ルール」の制定に際しては、少なくとも法定受託事務にかかる「指示」については、個別法による個別的指示が原則であると考えられていたことがよくわかる。そうすると、「非平時における国・地方関係の一般ルール」の制定において、「平時における国・地方関係の一般ルール」である「個別法主義の原則」をどこまで維持して、どこまで破ることができるのかといった問題が最大の問題となる。

⑷　特権的指示権と「特例先占（専占）論」

この問題を考えるにあたって、上記の地制調第17回専門小委員会において重要な論点の指摘がある。議事録本文（5頁）では、「個別法が想定していなくて一般法に基づきます補充的な指示権が動く場面につきまして3つの整理をしております」という部分である。ここでは便宜的に、「審議項目2関係資料」17頁の【考え方】を以下で参照する。「個別法が規定しない場合」（この「場合」は、「事態」とほぼ同義か）に

9　前掲小早川論文115頁。

おける、つまり改正法案でいう「国民の安全に重大な影響を及ぼす事態」における特例的関与、特に「補充的指示」の可能性と限界を考えるひとつの視点を示している。

この【考え方】では、「一般法に基づく補充的な指示権の対象になることが考えられるか」という問題提起をするにあたって「個別法が想定していない場合」として、以下の場合が考えられるとしている。

①個別法が存在しないが、国民の安全に重大な影響を及ぼす全国規模等の事態が発生し、国民の生命・身体・財産の保護のための措置が必要な場合
②個別法が存在するが、対象としている事態以外の想定外な国民の安全に重大な影響を及ぼす全国規模等の事態が発生し、国民の生命・身体・財産の保護のための措置が必要な場合
③個別法が存在し、対象としている国民の安全に重大な影響を及ぼす全国規模等の事態が発生しているが、用意された指示権の要件に該当しない想定外の事態であるため指示権が行使できず、国民の生命・身体・財産の保護のための措置が必要な場合

この点、参院総務委員会（2024年6月11日）の参考人質疑において、本多滝夫参考人が、政府参考人が事態対処法等で定められた武力攻撃事態等について、改正法案の特例的関与（「補充的指示」）の行使は想定されていないとした答弁にかかわって陳述している。❶一方で武力攻撃事態等は「国民の安全に重大な影響を及ぼす事態」には該当しないので本改正法案の関与の行使は想定されていないとしながら、❷他方で「国民の安全に重大な影響を及ぼす事態」から特定の事態（つまり武力攻撃事態等といった特定の事態）を除外したものではないとの答弁の矛盾を突いたものである。本多の「善解」によれば、❶の趣旨は、事態対処法等では上記の③の場合に相当する事態はないという答弁であり、他方、❷の趣旨は、武力攻撃事態等における②の場合の余地は否

定されていないという答弁と解することでかろうじて整合性が取れるのではないかと示唆する。そして本多私見として、もし②の場合があるとすれば、これに対する対応は、一般法である地方自治法に「補充的指示」を設けることで対応するのではなく、事態対処法や重要影響事態法といった個別法改正で手当てするのが筋であろうという、一般法と個別法との関係を踏まえた至極もっともな指摘がされる。

これに屋上屋を重ねることをおそれず、筆者なりに整理したい。すべての問題が「国民の安全に重大な影響を及ぼす事態」の概念の不明確性に起因するものであるが、元をただせば、「個別法が想定していない場合」あるいは「事態」とは何を意味するのかについて共通の理解がないことが問題の核心である。

まず、個別法が存在しない場合は、一応、埒外としてここでは検討から外しておきたい。総務省は、本改正法案の立案過程において、各府省等法令担当官宛の「『地方自治法』等を引用している法令等について（照会）」（2024年1月11日）の調査を行い、国の地方公共団体に対する「指示」「命令」等の規定の存在確認を行っている。その結果、93法令（87法律、6政令）362条項の回答を得ているところからみると、一応、個別法において「指示」「命令」等の関与規定が存在する場合を前提としているものと解することとしたい。

それでは、個別法が存在するが、上記②と③の場合には、「個別法が想定していない場合」あるいは「事態」になってしまうことの意味を検討したい。それは、⑴まずは、個別法において「国民の安全に重大な影響を及ぼす事態」に相当する事態は想定されているが、この想定以外の「国民の安全に重大な影響を及ぼす事態」が発生または発生のおそれがある場合については「事態」要件を欠くことから「生命等の保護の措置」等の措置を講じることができない場合である。⑵次に、個別法が想定する「国民の安全に重大な影響を及ぼす事態」が発生または発生のおそれがある場合に該当するが、個別法で規定された関与権の行使（指示権の行使など）の要件を満たさないためにその行使ができない場合である。上記の【考え方】では、⑵の場合も、「用意された指示権の要件に該当しない想定外の事態」というように「事態」として表現されており、⑴と⑵がともに「国民の安全に重大な影響を及ぼす事態」の想定外とされてしまうところに混乱の原因があるように思われる。しかし、⑵の想定外の「事態」は、厳密にいえば、「生命等の保護の措置」等の措置の実施要件が満たされていない状態を意味するものであることに注意したい。

⑴の場合は、いわば「事態」要件の欠如による措置権限の行使不能状態であり、⑵の場合は、「措置」要件の欠如による措置権限の行使不能状態であると整理しておこう。総務大臣あるいは政府参考人は、このような⑴「事態」要件の想定外と⑵「措置」要件の想定外の両者を使い分けて答弁しているようにもみえる。つまり、事態対処法等が、事態対処が必要な場合の当該官庁の権限行使の要件と効果は網羅的に書き切っていると考えれば、同法が想定する措置権限も関与権限も規定の漏れはないという意味で③の場合には該当しないといえる。他方、同法が想定する武力攻撃事態等以外の「国民の安全に重大な影響を及ぼす事態」の発生等があっても、それは地方自治法の問題ではあっても事態対処法からすればあずかり知るところではないといえそうである。つまり、もし②のような場合がありうるとしても、事態対処法等が想定する事態の「横出し」にすぎず、事態対処法等の想定した措置権限の行使は解釈の範囲内で対処可能であり、何の問題もないと考えているのだろうか。

たとえば国民保護法は、存立危機事態や重要影響事態における国民保護措置は明文では想定されてない事態であることは明らかである。しかし、政府は存立危機事態に該当するような状況は同時に武力攻撃事態等に該当することが多く、そのような場合には武力攻撃事態等を併せて認定し、国民保護措置を実施すればよいといった乱暴な解釈・運用論を「通説」としている[10]。2015年の安保法制の整備、加えて2023年の「国防三文書」(国家安全保障戦略、国家防衛戦略及び防衛力整備計画)の閣議決定以後[11]、一層強まるこのような考え方からすれば、改正法案における「補充的指示」は不要であることにもなろう。しかし、特例的関与としての「補充的指示」が通例において活用できれば、わざわざ武力攻撃事態等の認定がなくとも直ちに防衛大臣の一声で国民保護措置に相当する措置は可能となる。総務大臣の答弁にかかわらず、今後の政府の対応は不透明であり注視しなければならない。

なにより個人的に危惧するのは、「非平時」における「国民の安全に重大な影響を及ぼす事態」にかかる「横出し関与」(個別法で規定された「事態」要件を超える関与)よりも、「非平時」だけでなく、「平時」における「国民の安全に重大な影響を及ぼす事態」における「生命等の保護の措置」にかかる「上乗せ関与」(個別法で規定された「措置」要件を超える関与)である。たとえば各大臣によって「国民の安全に重大な影響を及ぼす事態」が認定され、「生命等の保護の措置に関する指示」(「補充的指示」)が出されれば、当該地方公共団体はこれに対する服従義務を負うことになる。各大臣の「補充的指示」が先行すれば、もはや当該地方公共団体の独自の「生命等の保護の措置」を講じることは不可能になるだろう。たとい「補充的指示」が出されるまでに当

10　国民保護法制研究会編集『新版　国民保護法逐条解説』(ぎょうせい、2024年)2頁。このような解釈・運用は、参院・平和安全特別委員会における防衛大臣の答弁でも表明されている(2015年8月26日)。

11　井原聡・川瀬光義・小山大介・永山茂樹・前田定孝・白藤『国家安全保障と地方自治』(自治体研究社、2023年)を参照してほしい。この第6章「国家安全保障と地方自治」において、すでに「『22年安保戦略』と第33次地方制度調査会の「非平時」論」(拙稿)が論じられており、さらに「『逆分権化』の徴候と『地方自治をめぐる新しい規範的秩序の生成と発展』」榊原秀訓・本多滝夫編著『地方自治をめぐる規範的秩序の生成と発展』(2024年、日本評論社)においても、地制調の「非平時」論を批判的に検討している。

参考図　個別法と地方自治法における「事態」と「措置」との関係イメージ図

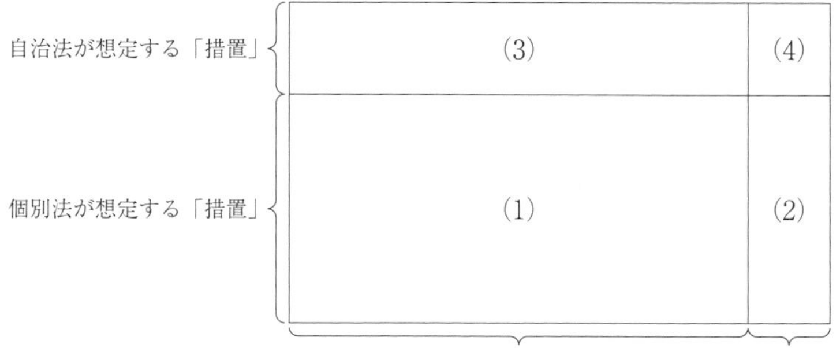

(1)は、個別法が想定する「事態」と「措置」
(2)は、地方自治法が「国民の安全に重大な影響を及ぼす事態」において個別法が想定する「措置」(「横出し関与」と仮称)
(3)は、個別法が想定する「事態」において地方自治法が想定する「生命等の保護の措置」(「上乗せ関与」と仮称)
(4)は、地方自治法が「国民の安全に重大な影響を及ぼす事態」において同法が想定する「措置」(「横出し関与」+「上乗せ関与」)

該地方公共団体が先行して独自に「生命等の保護の措置」を講じている場合であっても、いったん「補充的指示」が出されれば、これにかかる措置の義務履行が優先されることになろう。かつて国と地方公共団体との関係問題のひとつとして条例制定をめぐる「法令先占（専占）論」の問題があった。これになぞらえれば、「補充的指示」にかかる特例的関与は、まるで「特例先占（専占）論」とでもいうべき問題を引き起こす。「非平時における国・地方関係の一般ルール」の制定は、憲法が保障する地方自治も「平時における国・地方の一般ルール」も破潰してしまうことになる危険な立法である。国の「横出し関与」、「上乗せ関与」あるいは両者を組み合わせた国の関与、特に特権的指示にかかわる「特例先占（専占）論」から生じうる問題については、今後とも個別具体的な検討が不可欠な論点である（**参考図**参照）。

3　改正法案第252条の26の4（事務処理の調整の指示）及び第252条の26の5（生命等の保護の措置に関する指示）等の「特権的関与」の検討

(1)　なぜ「特権的指示」なのか

改正法案第252条の26の4（事務処理の調整の指示）や第252条の26の5（生命等の保護の措置に関する指示）等は、自治法第245条第1号へ（指示）に相応する典型的な権力的関与である。このうち「生命等の保護の措置に関する指示」については、叙述の必要上すでに述べたところではあるが、「他の法律の規定に基づき当該生命等の保護の措置に関し必要な指示をすることができる場合を除き」とあるところから、「補充的指示」と略称されるところである。ただ本稿では、国（各大臣）に与えられた特権的関与である実体的性格をかんがみ「特権的指示」と呼ぶこととする。このように呼称にこだわるのは、「特権的指示」を「補充的指示」と呼称することで、本来、特例的事態における特例的関与のひとつであるはずの特権的指示が、通例的事態における通例的関与に優先適用されるような事態を招く危険はないのか。あるいは、そもそも特例的関与（特に、特権的指示）が独り歩きして、通例的関与の制度を侵襲する事態になる危険はないのかの問題は、改正法案の法的問題の焦点であると考えるからである。

まずは、特権的指示の書きぶりを知るために、以下に改正法案第252条の26の5のみ参照する。

第252条の26の5　「各大臣は、国民の安全に重大な影響を及ぼす事態が発生し、又は発生するおそれがある場合において、当該国民の安全に重大な影響を及ぼす事態の規模及び態様、当該国民の安全に重大な影響を及ぼす事態に係る地域の状況その他の当該国民の安全に重大な影響を及ぼす事態に関する状況を勘案して、その担任する事務に関し、生命等の保護の措置の的確かつ迅速な実施を確保するため特に必要があると認めるときは、他の法律の規定に基づき当該生命等の保護の措置に関し必要な指示をすることができる場合を除き、閣議の決定を経て、その必要な限度において、普通地方公共団体に対し、当該普通地方公共団体の事務の処理について当該生命等の保護の措置の的確かつ迅速な実施を確保するため講ずべき措置に関し、必要な指示をすることができる。
2 各大臣は、前項の規定により普通地方公共団体に対して指示をしようとするときは、あらかじめ、当該指示に係る同項に規定する国民の安全に重大な影響を及ぼす事態に関する状況を「適切に把握し、当該普通地方公共団体の事務の処理について同項の生命等の保護の措置の的確かつ迅速な実施を確保するため講ずべき措置の検討を行うため、第252条の26の3第1項又は第2項の規定による当該普通地方公共団体に対する資料又は意見の提出の求めその他の適切な措置を講ずるように努めなければならない。
3 市町村に対する第一項の指示は、都道府県知事その他の都道府県の執行機関を通じてすることができる。」

特例的関与制度全体の立法理由としてすでに述べたところであるが、「国民の安全に重大な影響を及ぼす事態」における「生命等の保護の措置」にかかる国の対応として、普通地方公共団体が講ずべき「生命等の保護の措置」に関する必要な指示といった関与を定める理由は、個別法では想定されていない、あるいは想定できない事態においては個別法に基づく指示権の行使が不可能であることが挙げられ、これを「補充する」ために地方自治法が一般ルールとして「補充的指示権」なるものを定めるものとされている。しかし、これも、すでに述べたように、地方自治法の「一般法主義の原則」の誤解・曲解に基づくものである。すなわち、そもそも「一般法主義の原則」は、関与法定主義の原則のもとでも生じうる個別法による国の関与のいたずらな拡張を地方自治法に定める一般ルールで法的に枠づけることが目的であり、個別法が想定できない事態等における関与を一般法で補充することができるなどといった趣旨ではない。したがって、改正法案のいうところの「補充的指示権」といった略称は不適切であり、やはり国の「特権的指示権」とでもいうべきものである。このような国の権力的関与に安易に依存する考え方は、地方自治法の関与の法定主義及び関与の基本原則を根本的に逸脱する発想であり到底許されるものではない。ここには「特例」という魔物が存在し、その正体は地方自治法の関与制限の仕組みの基本構造を蝕むものである。

さて、それにもかかわらず、なぜこのような特権的指示の発想に至るのかが問題である。仮に個別法において想定されていない事態がありうるとしても、なぜ権力的関与の極みである国による特権的指示による問題解決に行きつくのかの問題である。総務大臣は、法案審議中、本改正法案が地制調答申にのっとっていることを強調してきた。そこで地制調専門小委員会の審議を振り返り、また、同答申の「大規模な災害、感染症のまん延等の国民の安全に重大な影響を及ぼす事態への対応」の部分を読み直すと、「国の補充的な指示」が必要であるとしながらも、「状況に応じて、国と地方公共団体の間で迅速で柔軟な情報共有・コミュニケーションが確保されることが前提となる」と述べ、「指示は、目的を達成するために必要な最小限度の範囲で、地方公共団体の自主性・自立性に配慮して行うようにしなければならない」とし、その手続は、「国と地方公共団体の間で迅速で柔軟な情報共有・コミュニケーションが確保されるようにし、状況に応じて、十分な協議・調整も行われるべきである」とも述べられている。

改正法案は、一見すると、いかにも答申内容を具体化したようにみえるが、そもそも地制調答申のいうところの「前提」を欠いている点で間違っているのではないか。すなわち、「大規模な災害、感染症のまん延等の国民の安全に重大な影響を及ぼす事態」が発生すれば、「国と地方公共団体が法令に基づき適切に役割分担して対応することが求められ」、「国民の生命、身体又は財産の保護のための措置が必要である」という命題が正しいと仮定しても、直ちに国民の安全を守るためには政府が指示するしかないという発想は悲劇的なものの考え方である。ここには国の役割と責任の明確化を方便にしたリスク管理に対する国の驕りの発想があるのではないか。仮にも「国民の安全に重大な影響を及ぼす事態」において、「国と地方公共団体が法令に基づき適切に役割分担して対応する」というならば、国が対応策を考え（国が頭脳）、地方公共団体が実施する（地方が手足）といった「機能分担」の発想ではなく、「適切な役割分担」の発想が重要である。地方自治法でいえば、「地方自治の本旨」と「国と地方公共団体との対等・協力関係」に基づく適切な役割分担（自治法第1条、第2条第11項・12項）が尊重されるべきである。国が指示し、地方が実施するといった「機能分担」論に戻るべきではない。

この点、地方自治法第245条第2号は、通例的関与の基本類型として、国と地方の対等な「協議」を定めていることを想起したい。これは同条の「1号関与」が国と都道府県による普通地方公共団体への「一方的関与」であるのに対して「双方的関与」である。地制調答申が「状況に応じて、国と地方公共団体の間で迅速で柔軟な情報共有・コミュニケーションが確保されることが前提となる」というならば、危機管理への即応でもっとも重要なのは、国と当該地方公共団体との「迅速で柔軟な情報共有・コミュニケーション」ではないのか。それは、両者の「協議」以外にはない。この点、特権的指示にかかる改正条文においても、「第252条の26の3第1項又は第2項の規定による当該普通地方公共団体に対する資料又は意見の提出の求めその他の適切な措置を講ずるように努めなければならない」として、必要な指示権の行使に当たっての「事前協議」をすることの努力義務が書かれているではないかと誤った弁護をする者がいるであろうから、あえて強く主張したい。地方自治法第245条の「2号関与」の「協議」は、権力的関与（同意、許可・認可・承認、指示等）の「事前協議」のごときものでは決してない。それらとは別の関与類型であり、「双方的関与」の類型に属する関与である。

したがって、地制調答申の真意からすれば、「迅速で柔軟な情報共有・コミュニケーション」の確保を大前提にするならば、まずは、「2号関与」の「協議」の条文化を求めるべきであった。そうすれば、総務大臣は、地制調答申にのっとったと胸を張って答弁できたはずである。それなのに、なぜ改正法案は、特権的指示の構想に走ったのか。その理由は明確である。国と地方公共団体との「対等・協力関係」を口にしながら、「協力関係」を反故にしているからである。国は、「協力関係」の前提である地方公共団体への「信頼」を自ら放棄したのである。信頼関係の上に立つべき「協力関係」を放棄したからこそ、特権的指示で地方公共団体を服従させ隷属させようとしたのである。一般には、特権的指示が国と地方公共団体の対等関係を破壊するという批判が多いところである。ただそれは特権的指示の制度化の結果であって、もちろんしかるべく批判されねばならないが、地方公共団体側が改正法案を批判すべきは、地方公共団体を信頼せず、対等なパートナーとして協力しあうつもりがないという点である。改正法案がいう「国民の安全に重大な影響を及ぼす事態」おいて非常・緊急事態が想定されているとすれば、そのときの国と地方公共団体との関係は、両者の真摯な対話から始まり、個別具体的な事態対処に関する考え方を相互承認するものでなければならないはずである。このような対話と相互承認なくして何が「迅速で柔軟な情報共有・コミュニケーション」であろうか。

特権的指示権の行使を定める改正条文は、いかにも厳密に発動要件を規律しているようにみえるかもしれないが、「普通地方公共団体に対し、当該普通地方公共団体の事務の処理について当該生命等の保護の措置の的確かつ迅速な実施を確保するため講ずべき措置に関し、必要な指示をすることができる」のであるから、結局のところ、限定されない国の関与権限を認める内容になっている。国家主権に支えられた国の関与権限に制限はないとでもいうのであろうか。このような限界なき国の関与権限を地方自治法が認めることは、1999 年改正地方自治法の趣旨にも反するが、憲法が保障する地方自治の本旨、すなわち国民・住民の生命を守り、基本的人権を保障するといった地方自治保障の根本規範にも反するものである。

⑵ 自治事務と法定受託事務の区別がない「特権的指示」権

特権的指示だけではないが、改正法案第 252 条の 26 の 3 以下の特例的関与では、自治事務・法定受託事務の区別なく定められており、「地方分権改革」から 1999 年改正地方自治法に至る過程であれほど厳密な議論がされた機関委任事務の廃止と新しい事務区分の意義が無視されている。自治事務であれ法定受託事務であれ、地方公共団体が処理する限りにおいて地方公共団体の事務とされ、これらの事務処理に関しては、「国は、普通地方公共団体が、その事務の処理に関し、普通地方公共団体に対する国又は都道府県の関与を受け、又は要することとする場合には、その目的を達成するために必要な最小限度のものとするとともに、普通地方公共団体の自主性及び自立性に配慮しなければならない。」（自治法第 245 条の 3 第 1 項）を始めとする関与の基本原則が明定された。特に自治事務に関しては、第 245 条の 3 第 6 項によって、特に「指示」関与を制限する規定がされている。これらの関与の基本原則は、「特例」の名のもとに無視されてよいものではない。

⑶ 適法・違法の区別もなく、事前・事後の区別もない「特権的指示」権

改正法案第252条の26の4（事務処理の調整の指示）及び第252条の26の5（生命等の保護の措置に関する指示）は、「個別法の規定では想定されていない事態が生じた場合には、国は地方公共団体に対し、個別法に基づく指示を行うことができないほか、地方自治法上も、地方公共団体の事務処理が違法等でなければ、法的義務を生じさせる関与を行うことができず、個別法上も地方自治法上も十分に役割を果たすことができないという課題」に対して、「地方公共団体の事務処理が違法等でなくても、地方公共団体において国民の生命、身体又は財産の保護のために必要な措置が的確かつ迅速に実施されることを確保するために、国が地方公共団体に対し、地方自治法の規定を直接の根拠として、必要な指示を行うことができるようにすべきである」とした地制調答申に応えたものである。これらは、地方公共団体の事務処理の適法・違法の区別を超えた「特例」規定であるが、いかにも「非平時」においては、「平時」の通例的関与の原則は破っても構わないという発想である。

上述の「資料及び意見の提出の要求」といった非権力的関与であれば、現行地方自治法第245条の4の「技術的な助言及び勧告並びに資料の提出」と同様に、地方公共団体の事務処理の適法・違法を問わず、また「事前的関与」・「事後的関与」を問わず、一般法としての自治法が、直接に関与の根拠を与えても、「実害」は少ないかもしれない。しかし、現行自治法の第245条の5（是正の要求）、同第245条の6（是正の勧告）、第245条の7（是正の指示）及び第245条の8（代執行等関与）は、いずれも「事後的関与」が想定されている。いわば「事後的関与の原則」ともいえる自治法の関与の仕組みは、自治事務であれ法定受託事務であれ、地方公共団体の事務である限り、地方公共団体に第一

次的な事務処理権限があることを尊重したものである。第252条の26の4及び第252条の26の5は、これを「特例」の名のもので、葬り去る内容となっている。

特に、特権的指示は、「国民の安全に重大な影響を及ぼす事態が発生し、又は発生するおそれがある場合」において、「当該国民の安全に重大な影響を及ぼす事態の規模及び態様、当該国民の安全に重大な影響を及ぼす事態に係る地域の状況その他の当該国民の安全に重大な影響を及ぼす事態に関する状況を勘案して、生命等の保護の措置の的確かつ迅速な実施を確保するため特に必要があると認めるとき」に必要な指示を行うことができるとされている。これは、「国民の安全に重大な影響を及ぼす事態」であれば、その「事態の規模及び態様」や「事態に関する状況」を「勘案」するだけで、その「緊急性」の有無にかかわらず、国の指示権の発動が可能となることを意味する。法的にみれば、ほとんど無限定な裁量権が各大臣に認められる規定となっている。もちろん他の法律の規定に基づき当該生命等の保護の措置に関し必要な指示ができる場合は除くといったエクスキューズが書かれ、いかにも「補充的」性格が明記されたとしても、閣議決定を経るといった手続保障がなされ、あるいは「必要な限度において」といった限度が定められたとしても、その実効性は定かでない。この点、衆参総務委員会でいくつかの附帯決議がなされ、また国会の審議の結果、国会への事後報告などの修正が施されたが、本質は変わらない。

⑷ 「特権的指示」権の行使は、「例外状態」における「隠された主権行為」

改正法案における特権的指示が、「国民の安全に重大な影響を及ぼす事態」といった例外状態における国の指示権を規定したものとすれば、かかる規定を置くこと自体が、例外状態における法（規範）の無視を肯定したC. シュミットと同様の結果を招くおそれがありそうである。なぜならこの国の特権的指示の規定には、C. シュミットがいうところの「例外状態における隠された主権行為」（=「政治的なるもの」）とでもいうべき発想が潜んでいると考えられるからである。地方自治法の一般ルールに定められることになる「国民の安全に重大な影響を及ぼす事態」における「生命等の保護の措置」といった措置権限や関与権の付与規定は、各大臣に「例外状態における隠れた主権行為」を認めるがごとくではないか。ここには国が万事解決するといった根拠のない国の至上性・絶対性の思想が垣間見られる。地方分権改革や地方自治法とは真逆の発想である。改正法案は、日本国憲法下における実質的法治主義や地方自治保障が許すことのない立法作為であり、憲法にはない「緊急事態条項」の地方自治法版とでもいえる危険な発想が潜むところである。そして、このような発想は、一般法律で想定できない事態の発生に備えて、憲法に「緊急事態条項」を定めておこうといった発想に容易に繋がるものである。まさに立憲主義・法治主義の危機である。

4　改正法案第298条（事務の区分）にみられる自治事務の「隠された法定受託事務」化—都道府県の自治事務・市町村の自治事務の法定受託事務化の増長

改正法案「第4編特則」の第298条（事務の区分）によれば、「第252条の26の3第1項及び第2項の規定により処理することとされている事務（市町村が処理する事務が自治事務又は第2号法定受託事務である場合には、同条第3項において準用する第245条の4第2項の規定による各大臣の指示を受けて行うものに限る）、第252条の26の4及び第252条の26の5第3項の規定により処理することとされている事務」は、第1号法定受託事務となることが明記されている。この条文は、都道府県の自治事務だけでなく、市町村の自治事務も「特例的指示」の対象になれば、自動的に法定受託事務に転化することを意味する。現行地方自治法においても、このような市町村の自治事務が法定受託事務に転化される条項は多数存在するが（たとえば、245 条の 5 第 1 項・第 2 項など）、これは、法定受託事務の数を抑制する地方分権改革の理念（「地方分権推進計画」として閣議決定）に反するものでる。

たしかに、災害対策基本法改正（2021 年）により、「特定災害」の制度が創設され、特定災害対策本部長の指示権が規定された（同法第 23 条の 7）。地方教育行政の組織及び運営に関する法の改正（2007 年）により、「児童、生徒等の生命又は身体に現に被害が生じ、又はまさに被害が生ずるおそれがあると見込まれ、その被害の拡大又は発生を防止するため、緊急の必要があるとき」の担当大臣の指示権が創設された（第 50 条）が、いずれも個別法による指示権の創設にもかかわらず自治事務のままである。改正法案における国の特権的指示の新設であるからといって、第 1 号法定受託事務としなければならないという理由はない。「隠された法定受託事務」化とでもいうべきであり、「地方分権改革」の改革理念に反するものである。

5 違法・不当な「特権的指示」にかかる救済制度の実効性

このように改正法案第 252 条の 26 の 3 から第 252 条の 26 の 5 までに定められることとなる特例的関与にかかる事務が法定受託事務とされるならば、これに従わない普通地方公共団体は、地方自治法における法定受託事務の通例的関与の対象となる。つまり、「是正の指示」や「代執行等関与」の対象となることになる。そうすると、理論的、制度的には、特権的指示に不服があれば、国地方係争処理委員会への審査の申出や関与取消訴訟の提起も可能となるはずである。しかし、理論的に可能であるとしても、改正法案のいうところの「国民の安全に重大な影響を及ぼす事態」のような非常・緊急事態において、実際上、どこまで実効性がある争訟になるのか疑わしいところである。われわれは、沖縄県の辺野古争訟において、国地方係争処理委員会への審査の申出や関与取消訴訟の提起による自治権侵害の救済が困難であることを思い知らされている。「平時」における関与争訟でもおぼつかない救済が、「非平時」において実効的救済が期待できると考えるほどうぶではいられない。それより、「非平時」における違法・不当な特例的関与、特に違法・不当な特権的指示にかかる救済制度に関する議論が皆無であることにおそれを感じざるを得ない。すでに与えられた紙幅を大幅に超えているので、この問題については、後日を期したい。

おわりに

憲法の地方自治保障の意義は、行政権は原則として内閣に属するが、地方公共団体の地方行政執行権はこれから除かれている、つまり地域的統治団体としての地方公共団体の自治権を保障することにある。この結果、国（政府）の地方公共団体に対する関与は極力制限され、国の恣意的な権力的関与を抑止し、地方公共団体による住民の基本的人権保障を確保し、ひいては国家・社会全体の利益（公共の福祉）の侵害リスクを最小化・極小化することに地方自治の意義がある。改正法案は、このような憲法に基づく地方自治保障のパラダイムにことごとく反するものである。憲法の地方自治保障、「地方分権改革」の理念及び地方自治法の趣旨・目的に逆行する「逆分権化」の徴候が顕著で危険なものである。憲法が保障する地方自治の危機である。

第33次地制調答申及び改正法案は、「平時」シフトから「非平時」シフトへの、そして「分権シフト」から「集権シフト」へのギアチェンジをシームレスに行うため、地方自治法をみごとに道具化するものである。「非平時」における憲法の地方自治保障はもはや存在しないのと同様になる。この改正法案にみられる「逆分権化」の徴候は、憲法及びその附属法である地方自治法を理念的・構造的・機能的に破壊する異常事態である。このような憲法法秩序を破壊し、限界なき国家権力による法秩序の再構築＝集権的秩序の形成の徴候を見逃してはならない。われわれの課題は、これらの徴候を正しく読みとり、正々堂々と抗い、国と地方公共団体との関係を憲法のもとで再構築することである。

現行の地方自治法でも「国民の安全に重大な影響を及ぼす事態」に相当する事態が想定されている。そうであれば、まず現行法の枠内で事態対処の可能性を追求すべきであり、それが適わない場合であっても、直ちに「特例」規定に逃避するのではなく、「地方分権改革」の理念を放棄することなく、また、現行地方自治法の趣旨・目的を逸脱・超越しない範囲内での法改正を検討すべきであろう。それには、なによりまずは個別法による事態対処の可能性を追求することを忘れてはならない。個別法改正に至るまでの応急措置であるかの印象操作が行われているが、そこに本質はない。

それでも、もし一般法でも個別法でも想定できない事態が発生する場合があるとすれば、その場合には、そもそも国の関与が十分に機能しない事態であることが予想され、むしろ現場自治体による情報収集・整理に基づき、現場の緊急性が高い支援・応援要請等をまずは尊重すべきである。いわば自治体による国あるいは広域自治体への事態対処の「逆関与」が不可欠となるのではないか。私見では、緊急事態においてこそ徹底した分権化を図り、むしろ自治体が司令塔になって第一義的に事態に対処すべきであると考えるからである。緊要なのは、「危機管理の国化・集権化」ではなく、「危機管理の現場化・地域化」である。

さいごに、新型コロナウイルスの感染拡大が爆発し、その対策が急務になり始めたころに書いた拙文の一部に触れて稿を閉じたい。当時のドイツ連邦首相のアンゲラ・メルケルの「新型コロナ感染症とのたたかいが、政治的意思決定を透明化し、説明し、その行為を根拠づけ、対話する開かれた民主主義の問題であり、国民全部の問題である」といったテレビ演説（2020年3月18日）を視聴したときのことである。一人ひとりの人間をしっかりとらえ、個々の人間のいのちと生活の集合体としてゲマインシャフトをとらえる視点が明確に示されていることに感動を覚えた。そしてメルケルは、さいごに、「私たちが民主主義である」（Wir sind eine Demokratie.）、私たちは、「強制」ではなく、知識の共有と協力・共働を契機として生きている。これは「歴史的任務」であり、共同して果たすべき任務であると締めくくった[12]。改正法案に決定的に欠けているのは、この「私たちが民主主義である」という発想である。「強制ではなく、知識の共有と協力・共働」という民主主義と地方自治にとって一番大事な価値・理念が欠けているのである。この点、国の特権的指示が唯一の解決策とするような改正法案は、憲法と地方自治法に対する侮辱といっても過言ではない。この際、「私たちが民主主義である」という観点から、地方自治をめぐる憲法の原理と国家の論理をしっかり考え直したいものである。

【付記】　本稿執筆中、衆参両院での「改正法案」の審議が進み、脱稿後の2024年5月30日に衆院本会議で可決、同6月19日には参院本会議でも可決され、「改正法」が成立した。このため、本稿において改正法案と叙述している部分について、今となっては改正法とすべきところも多い。ただ、校正も最終段階にあったことから、全般的な叙述の見直しは断念せざるをえず、改正法案のママとした。読者のご賢察を請う次第である。

12　白藤「『新型コロナ特措法』と民主主義・地方自治」住民と自治2020年6月号7頁以下、特に10頁。

第3章
感染症対策と補充的指示権
—新型コロナウイルス感染症対策に関わる立法をふまえて

松田亮三

はじめに

時期による軽重はありつつも、近代国家は感染症への対応を統治構造の中に組み込み発達してきた[1]。感染症への対応には広範な人々・組織がそれに参加することを要請するが、法律により形成される国と地域における役割の分担とそれぞれが対応に向けてもつ義務と権限を基軸としてすすめられる。そこでは、感染症に侵された人々への回復に向けたケアを組織する医療提供体制や生活支援の取り組みとともに、学校・企業・病院などでの感染の拡大を抑制するために、消毒などの環境への介入、手洗いなどの生活習慣への介入、さらには就労・就業、集まりの規制や抑制などといった幅広い生活・企業活動への介入を含む取り組みが行われる。

科学の発達により、感染症がどのように生じまた伝播していくかについての知識は拡大しており、それにもとづき政府はパンデミックへの備えを行ってきた。しかしながら、新型コロナウイルスのパンデミックは、一定の備えをしていたとしても、新しい性状をもつ感染症の大流行に組織的に対応していくことは決して容易ではないことを示した。例えば、世界で有数の情報分析力をもつ疾病予防センター(CDC)をおく米国では、新型コロナウイルスに直接起因する死亡でみても、

1 Dorothy Porter, *Health, Civilization, and the State: A History of Public Health from Ancient to Modern Times*. 1999, Routledge.

それ以外の要因を含む超過死亡でみても、日本より多くの人々が亡くなった。[2] また、2003年に公衆衛生庁（Public Health England）を設置し、公衆衛生施策の拡充、特に慢性疾患と健康増進を地方自治体が中心になってすすめる取り組みを行ってきた英国イングランドにおいても、多くの方が亡くなり、政府は同庁を、健康危機管理に対する組織と健康増進・慢性疾患対策を行う組織に分割再編した。[3]

新型コロナ、そして今後も起こりうる新興感染症に対する備えのあり方は、パンデミックの最中から議論されてきた。後述するように、政府は直面した課題を受け、多方面に及ぶ感染症法等の改正を行ってきた。感染症の備えには、専門家の育成や情報・コミュニケーションのための基盤の形成など多くの内容を含むが、現実に感染症が生じた場合に政府が行うべき事項、行える事項、実施手続きなどを定める事前的な法整備（法的備え）もその重要な一部をなす。[4]

この備えに関わり、地方制度の問題として提起されているのが、国による地方自治体への補充的指示権の創設である。この権限は、第33次地方制度調査会（以下、単に地制調と呼ぶ）によりその骨格がまとめられ、それを受けた地方自治法等改正案が第213回国会へ提出され、修正の後に2024年6月に成立した。

補充的指示権は、「国民の安全に重大な影響を及ぼす事態」、すなわち「大規模な災害、感染症のまん延その他その及ぼす被害の程度においてこれらに類する国民の安全に重大な影響を及ぼす事態」が「発生

2　Msemburi, W., Karlinsky, A., Knutson, V. et al. The WHO estimates of excess mortality associated with the COVID-19 pandemic. Nature, 613, 130-137, 2023. Benjamin Mueller and Eleanor Lutz Feb. U.S. has far higher covid death rate than other wealthy countries. *New York Times*, Feb. 1, 2022. なお、マイケル・ルイス『最悪の予感：パンデミックとの戦い』（早川書房、2021年）が、米国における初期対応施策に関わる問題を描いている。

3　高鳥毛敏雄「英国の健康安全保障庁（UKHSA）創設と今後の公衆衛生体制への期待」公衆衛生86巻7号（2022年）7～15頁。

4　Benjamin, G. C., & Moulton, A. D. (2008). Public health legal preparedness: a framework for action. The Journal of Law, Medicine & Ethics, 36 (1 Suppl), pp.13-17.

し、又は発生するおそれがある場合」に、国が自治体に特別の関与を行うことを可能とするものである。この関与には、資料・意見の提出要請、都道府県―市町村間の事務の調整、自治体への応援、さらに「生命等の保護の措置の的確かつ迅速な実施を確保するため講ずべき措置」に関する「必要な指示」など広範な事項が含まれる[5]。

補充的指示権の創設の理由は、「大規模な災害、感染症のまん延その他その及ぼす被害の程度においてこれらに類する国民の安全に重大な影響を及ぼす事態における国と地方公共団体との関係を明確化するため[6]」とされている。たしかに、そのような場合に通常の国と地方自治体との関係とは異なる特別な関係が望ましい場合もある可能性は否定できず、実際、新型コロナウイルス対策においては、既存の法律には明確に示されていない事項について、各種の調整が行われつつ実施された経過がある。

しかしながら、理由としてあげられている「感染症のまん延」については、もともと感染症法等により、国に特別な権限が与えられており、後述するように、新型コロナウイルス流行対策の経験をふまえて、すでに幅広い内容を含む改正が行われているところである。これに加えて、さらに一般的な補充的指示権の創出は必要とされているのであろうか。本稿では、感染症対策において、なお想定外の状況に対して、国の強い関与が望まれるような法制が望まれるかどうかについて検討する。

まず、新型コロナウイルス感染症への対応で政府により課題として取り上げられた問題について概観し、それに対してどのような法的な備えの強化が取り組まれているかについて述べる。次に、感染症法において国と地方自治体とはどのような関係におかれているか、改正感

5　「地方自治法の一部を改正する法律案（第213回、閣法第31号）。詳細は本書所収の関係論文をご覧いただきたい。

6　同上。

染症法に導入された国の指示権と総合調整権を述べ、それをふまえて、新たな感染症のパンデミックに向けて果たして補充的指示権を導入する必要があるかを検討する。最後に、今後のパンデミック対策に向けた長期的な論点として、より生活への制限の強い措置をどのようにとらえるかについての議論を行うこと、そして「想定外」の事態が生じた場合に向けた法的備えとして、「緊急事態」法制についての議論を社会的に行っていくことの重要性を指摘したい。

1　新型コロナウイルス感染症対策における課題と備える体制の強化

⑴　有識者会議から感染症法改正まで

このパンデミックの対応においては、保健所の対応能力、地方衛生研究所における検査能力、医療提供確保の問題、自宅療養等の支援のあり方、国と都道府県の連携、都道府県と保健所設置市・特別区市町村との連携など、多くの課題が指摘されてきた。概括的にいえば、新型インフルエンザ等対策特別措置法（特措法）によるパンデミック対策の枠組みは形成されていたものの、医療提供を含めた実務レベルでの備えが不十分であったことが、また感染症対策に向けた人材、組織、資源を十分備えていなかったことが背景にある[7]。

2019年末から始まった新型コロナウイルス感染症への対応への政府による総括は、2022年の春から以下のようにすすめられた[8]。まず、5月に内閣官房長が新型コロナウイルス感染症に関する有識者会議を設

7　松田亮三「新型コロナと日本の公衆衛生」長友薫輝編著『感染症に備える医療・公衆衛生』（自治体研究社、2021年）79～100頁。

8　なお、この議論が行われた2022年には、致死率は低いものの感染力が強いオミクロン株が前年をはるかに上回る規模で流行し、それまでを上回る感染と死亡が国内で生じた。厚生労働省の集計によれば、2021年末までの累積死亡者数は18385人であったが、2022年の死亡者数は39060人、2023年冒頭から5月7日までの死亡者数は17218人であった（チャーター便を除く国内事例の集計。出典は、厚生労働省「厚生労働省データからわかる―新型コロナウイルス感染症情報」https://covid19.mhlw.go.jp/）。

図表3－1　法改正に向けて整理された感染症対策上の課題

(1)　感染症に対応する医療機関の抜本的拡充
(2)　自宅・宿泊療養者等への医療提供体制の確保等
(3)　広域での医療人材の派遣等の調整権限創設等
(4)　保健所の体制とその業務に関する都道府県の権限・関与の強化等
(5)　検査体制の強化
(6)　感染症データ収集と情報基盤の整備
(7)　治療薬の研究環境の整備
(8)　医療用物資等の確保の強化
(9)　水際対策の実効性の向上

（出所：厚生労働省「現行の感染症法等における課題と対応等について」（第63回厚生科学審議会感染症部会　資料1、2022年8月1日）および中央法規出版編集部編『改正　感染症法ガイドブック』（中央法規、2023年）4頁の記載をもとに著者作成）。

置し、そこでは事務局による経緯の整理と[9]、「政府の取組」において生じた課題の指摘と新たな感染症に対する備えのあり方が検討された[10][11]。これを受けて、6月に新型コロナウイルス感染症対策本部が対策の方向性を示した[12]。

これと並行し、厚生科学審議会感染症部会でも現行法制の課題と対応が検討され、**図表3－1**にあげる9つの課題が示された[13]。

このように多岐にわたる課題が実際の経験から浮上したのだが、ここには、自宅・宿泊療養等従来の感染症対策では定まっていなかった対応に関わるもの以外に、新興感染症対策においてきわめて重要である流行情報ならびに感染症そのものについての科学的知識の集約・整

9　新型コロナイウルス感染症対応に関する有識者会議「新型コロナウイルス感染症対応について（保健・医療の提供体制や新型インフルエンザ等対策特別措置法の運用等を中心とした政府のこれまでの取組―2019年12月末から2022年5月まで）」（2022年6月15日配布資料）。

10　新型コロナイウルス感染症対応に関する有識者会議「新型コロナウイルス感染症へのこれまでの取組を踏まえた次の感染症危機に向けた中長期的な課題について」（2022年6月15日）。

11　朝日新聞の社説では、この報告書は「閣僚や官僚へのヒアリングを欠いており、とても『検証』とは呼べない」としている（2023年09月13日）。

12　新型コロナウイルス感染症対策本部「新型コロナウイルス感染症に関するこれまでの取組を踏まえた次の感染危機に備えるための対応の方向性」（2022年6月17日）。

13　厚生労働省「現行の感染症法等における課題と対応等について」（第63回厚生科学審議会感染症部会　資料1、2022年8月1日）。

理・分析に関わる、政府の対応体制上の課題が多く含まれているのが特徴である[14]。また、ワクチンや治療薬の開発や購入、そして医療サービス提供というパンデミックにおいては、通常とは異なる対応を大規模に実施していかねばならない事項も含まれている。

この課題の整理を受け、新型コロナウイルス感染症対策本部は9月に具体的な対応策をまとめ[15]、その内容をふまえて、幅広い内容を含む感染症法改正案が第210国会（臨時会）に提出され、衆議院での一部修正後、12月に成立した（2022年法律96号）。この改正は多岐にわたるものであるが、**図表3－1**で示された課題に対する対応が盛り込まれている（**図表3－2**）[16]。

以下では、本論の趣旨から、特に政府の対応体制上の課題への対応、すなわち感染症対策に関わる政府機能の強化がどのようになされたかを概観しておく。

なお、この改正については、法的枠組みとして評価する意見がある一方、全国保健所長会などが慎重論を唱えるなかで導入された入院措置および積極的疫学調査に関わる行政罰（過料）や自宅療法にかかわる運用上の課題が指摘されており[17]、それ自体の検討課題が残されていることは付記しておきたい。

14　松田亮三「『コロナ後』に向けた地方公衆衛生行政の課題―地方制度との関わりで」自治と分権第91号、41-51頁。

15　新型コロナウイルス感染症対策本部「次の感染症危機に備えるための対応の具体策」（2022年9月2日）。

16　厚生労働省健康・生活衛生局感染症対策部感染症対策課監修『詳解　感染症の予防及び感染症の患者に対する医療に関する法律』五訂版（中央法規、2024年）の第二章に感染症法に限ってであるが、法改正の概要説明がある。一般的な説明は、中央法規出版編集部編『改正　感染症法ガイドブック』（中央法規、2023年）が分かりやすい。

17　王子野麻代「新型コロナウイルス感染症流行下における医療と公衆衛生を取り巻く法政策の動向」（日医総研、2021年、https://www.jmari.med.or.jp/result/report/essay/post-416/）、王子野麻代・清水麻生「コロナ自宅療養者に対する健康観察及び医療提供体制に関する調査　令和4年改正感染症法を踏まえた法制度的観点からの考察」(日医総研、2023年、https://www.jmari.med.or.jp/result/working/post-3538/)。

図表3－2　2022年感染症法改正の概要

1　感染症発生・まん延時における保健・医療提供体制の整備等
(1)　感染症対応の医療機関による確実な医療の提供
①　都道府県等が定める予防計画に沿って、都道府県等と医療機関等の間で、病床、発熱外来、自宅療養者等（高齢者施設等の入所者を含む）への医療の確保等に関する協定を締結する仕組みを法定化。
・公立・公的医療機関等に感染症発生・まん延時に担うべき医療提供を義務付け。
・保険医療機関等の感染症医療の実施協力など。
②　初動対応等を行う協定締結医療機関について流行前と同水準の医療の確保を可能とする措置（流行初期医療確保措置）を導入。
(2)　自宅・宿泊療養者等への医療や支援の確保
①　自宅療養者等への健康観察体制の柔軟化と連携強化。
・医療機関等への委託を法定化。
・健康観察や食事の提供等の生活支援についての都道府県・市町村間の連携強化（情報共有、宿泊施設確保に向けた協定締結など）。
②　外来・在宅医療における公費負担医療を創設。
(3)　医療人材派遣等の調整の仕組みの整備
・医療人材について、国による広域派遣の仕組みやDMAT等の養成・登録の仕組み等を整備。
(4)　保健所の体制機能や地域の関係者間の連携強化
・都道府県と保健所設置市・特別区その他関係者で構成する連携協議会を創設。
・緊急時の入院勧告措置について都道府県知事の指示権限を創設。
・保健所業務を支援する保健師等の専門家（IHEAT）や専門的な調査研究、試験検査等のための体制（地方衛生研究所等）の整備等を法定化。
(5)　情報基盤の整備
・医療機関の発生届等の電磁的方法による入力を努力義務化（一部医療機関は義務化）。
(6)　物資の確保
・医薬品、医療機器、個人防護具等の確保のため、緊急時に国から事業者へ生産要請・指示、必要な支援等を行う枠組みの整備。
(7)　費用負担
・医療機関等との協定実施のための費用負担の法定化（都道府県等が支弁する費用は国がその3/4を補助等）。
2　機動的なワクチン接種に関する体制の整備等
・国が都道府県・市町村に指示する新たな臨時接種類型の導入。
・ワクチンに関わる損失補償契約を締結できる枠組みの導入。
・個人番号カードで接種対象者を確認する仕組み等の導入。
・感染症発生・まん延時に厚生労働大臣及び都道府県知事の要請により医師・看護師等以外の一部の者が検体採取やワクチン接種を行う枠組みの整備。
3　水際対策の実効性の確保
・入国者に対する居宅待機指示などの導入。

（出所：厚生労働省「『感染症法等の一部を改正する法律』の成立について」（第95回社会保障審議会医療部会　資料3、2022年12月23日）より、著者作成）。

(2) 政府体制の強化

新しい感染症に対する政府の対応体制上の課題は、科学的知見と根拠の収集・生成・分析を含め初動に関わる課題に端的に示された。2020年1月から2月にかけて、政府は、武漢在留邦人の保護やクルーズ船ダイヤモンド・プリンセス号での感染への対応に追われたが、明確な対策ならびに基本方針の公表までに1ヵ月以上を要したことは初動上の課題を示した。ただし、新型コロナウイルスが当時の特措法の適用となるかどうかについては、解釈上不明なところがあり、同法による対策を政府は直ちに行うことが法的に困難であったこと、つまりその時点での法制が既存のウイルスの変異株を想定していなかったことも考慮しておく必要がある。

なお、経過を簡単にたどると以下のようになる。2019年末から2020年当初にかけて、呼吸器症状から死にいたる新たなウイルス感染症が発生していることが中国から公表され、それ以後国内発生例さらに死亡例の確認と事態が進展していった。この間政府は、検疫強化などの措置を行うとともに、世界保健機関（WHO）の「国際的に懸念される公衆衛生上の緊急事態（PHEIC）」宣言を受け、予備費を活用し帰国者支援および検査体制の拡充等を含む「新型コロナウイルス感染症に関する緊急対応策」を実施することを決定した[18]。さらに、基本方針については、専門家からの意見が先行する形で検討がすすみ、政府はそれを受けて2月25日に決定した。

この初動に関わる課題は、有識者会議の報告書では「危機に迅速・的確に対応するための司令塔機能を強化するとともに、強化された機能を活用して一元的に感染対策を指揮する司令塔組織を整備することが必要」とされた[19]。その際、「総理が司令塔となって行政各部を指揮

18 2020年2月13日政府対策本部決定。ここでの政府対策本部は、特措法にもとづくものではない、臨時的なものであった。

19 新型コロナイウルス感染症対応に関する有識者会議、前掲注9参照。

命令し一元的に感染症対策を行う体制を強化すること」、省庁横断的に総合的・一体的に対策を行う体制を構築すべく平時から備えていくこと、平時から有事への「円滑な切り替え」に向けた準備を具体的に行うこと、「政府における専門家組織」の強化、「リスク・コミュニケーションの視点に立った国民への情報発信を行う」こと、という観点が提示された。

この議論は、内閣感染症危機管理統括庁の設置、厚生労働省の感染症対策に関わる組織改革、国立健康危機管理研究機構の設置に結びついた。まず、内閣総理大臣からの「指揮命令を徹底するため、内閣官房に新たな庁を設置するとともに、政府における平時・有事の体制、専門家組織を強化する」ことが対策本部の「方向性」において示された。これをうけ、平時の体制の整備として、危機管理を統括する内閣感染症危機管理統括庁が設置され（2023年9月1日）、厚生労働省健康局が健康・生活衛生局へと改められ、同局に企画・検疫課、感染症対策課、予防接種課からなる感染症対策部が設置された[20]。

また、行政上の必要から科学的知見の収集・分析にあたる機関（いわゆる日本版CDC）として、国立感染症研究所と国立国際医療研究センターを改組し、国立健康危機管理研究機構とすることとなった（2025年4月に設置予定）。同機構は、「厚生労働大臣の監督の下に、厚生労働大臣と密接な連携を図りながら、感染症並びにそれ以外の疾患でその適切な医療の確保のために海外における症例の収集その他国際的な調査及び研究を特に必要とするもの…（中略）…並びに予防及び医療に係る国際協力に関し、調査、研究、分析及び技術の開発並びにこれらの業務に密接に関連する高度かつ専門的な医療の提供、人材の養成等を行うとともに、感染症その他の疾患に係る病原体等の検査等及び医薬

20 「厚生労働省組織令及び食料・農業・農村政策審議会令の一部を改正する政令」（2023年8月30日、政令263号）。設置前には、健康局結核感染症対策係、医薬・生活衛生局検疫所業務課等に分かれていた事務が一つの部に統合された。

品等の試験等を行う」こととされている。[21]

⑶ 地方衛生行政組織の強化と備えのネットワーク化

パンデミックにおいては、地方行政は、感染症発生に関わる詳細な情報収集を行いつつ、必要な医療サービスの提供を編成し、人々と組織の生活に関わる介入を行い、さらにそれらの活動に関わり政府と濃厚なコミュニケーションを継続的に実施するなどの課題に直面する。つまり、地方衛生行政の充実がなければ、政府における体制を強化しても、それが十分機能するとは限らない。初動など地方自治体だけの対応では困難な場合など、政府が専門家チームを派遣し、自治体と連携して活動を行うなどの対応により実効性を高めるという方策があるとしても、そのような専門家チームと機動的に連携する素地が地方にも求められることとなる。

こうした地方衛生行政の力量の強化は、各自治体、とりわけ保健所を設置している都道府県、市が自ら取り組むべきことであるが、そのための資源や全国的な仕組みを強化することが国の政策としても求められる。実際、感染症法等の改正により、地域保健において健康危機管理を考慮することが改めて法的に明確化されるとともに、以下のような具体的な強化策が盛り込まれた。

まず、地方における公衆衛生情報・知識・技術拠点の拡充として、地方衛生研究所等の機能強化・整備が盛り込まれた。新型コロナウイルス・パンデミック以前は、法的根拠が明確でなく、「各自治体任せとなり、それぞればらばらな基準で作られて」くる中で、自治体間格差が「しばしば指摘されていたが、問題は棚上げされ」てきた状況を改めようというものである。[22]

21 国立健康危機管理研究機構法（2023年法律第46号、2023年6月7日公布・施行）。こうした科学的知見に関わる機関のガバナンスは別途検討されるべき課題だが、ここでは割愛する。
22 吉村和久「地方衛生研究所の果たす役割と今後の展望」公衆衛生 第88巻5号（2024年）

次に、地域で感染症対策を構築するための手段とネットワークが強化された。都道府県感染症法にもとづく予防計画に医療確保に関わる内容が追加されるとともに、それを受けて自治体と医療機関が協定（医療措置協定）を結ぶ仕組みが導入された。また、この予防計画を、保健所設置市・特別区なども含めて協議し、連携をすすめるために、都道府県は「都道府県連携協議会」を組織することとなった。なお、予防計画については、以前より作成の義務を負っていた都道府県に加えて、保健所設置市・特別区も策定することとなり、すべての保健所の重要な機能の一つとして位置付けられたこととなる[23]。このような機能の重要性から、予防計画には「感染症の予防に関する保健所」の体制確保に関する記載が必須とされた（感染症法第10条）。合わせて、保健所と地域衛生研究所等は、地域保健法にもとづき、健康危機対処計画を策定することとされた[24]。

このように少なくとも感染症対策についての体制確保を行う枠組みはできてきた。また、都道府県間の連携や相互支援、感染症対策の経験をつんだ対策チーム（IHEAT）などの枠組みも形成されている。また、感染症対策に従事する保健師数は、パンデミック当初の2019年には約1800名であったのが、2022年は約2700名となり、さらに増員されてきている[25]。合わせて、保健師以外の職員も若干増員されており、「保健所の恒常的な人員体制強化」が述べられている。

ただし、人材面については、感染症に従事するスタッフの人数だけに注目していては不十分である。というのは、公衆衛生活動は感染症

488～494頁。

23　詳細は、令和4年度厚生労働行政推進調査事業費補助金「公衆衛生体制の見直しと新たな体制構築のための政策研究（研究代表者：岡部信彦、分担研究者：田辺正樹）」「都道府県、保健所設置市及び特別区における予防計画作成のための手引き」（2023年5月）を参照。

24　厚生労働省健康局健康課「保健所における健康危機対処計画（感染症編）策定ガイドライン」（2023年6月）。

25　第50回厚生科学審議会地域保健健康増進栄養部会「資料1」（2023年2月）。

対策だけでなく、精神・身体の慢性疾患、身体の虚弱化（フレイル）の予防、子どもの健やかな成長支援などの多様な活動が含まれており、それに関わる人的体制の確保が全体としてどうなっているかが問われなければならないからである[26]。

2　感染症対策に補充的指示権は必要か

⑴　感染症対策における国と地方自治体の関わり

パンデミックへの対応は補充的指示権の根拠の一つとされているが、感染症法改正によりすでに国の幅広い権限が導入されている。ここでは、この点を確認した上で、感染症対策に補充的指示権が切迫した必要があるかどうか検討する。

概括していえば、人々の健康に関わる公衆衛生行政においてしばしば見受けられるように、感染症対策の枠組みと各種の基準は基本的に国が定めている構図となっている。その詳細をここで説明することは困難であるので、ここでは政策過程のいくつかの点について例示しておきたい。

まず、感染症対策の基本方針を厚生労働大臣が定め、都道府県、保健所設置市・特別区が策定する予防計画は、これに即して定めなければならないとされている。また政府は、インフルエンザや性感染症等、「特に総合的に予防のための施策を推進する必要があるもの」については、独自の予防指針（特定感染症予防指針）を策定しており、感染症指定医療機関の基準を定めるなど、施策の実施に関わる詳細な枠組みも定めている。そして、新型コロナウイルス感染症を始めとして、公衆衛生上重要な感染症についての発生状況の把握は、医師・医療機関から保健所に集約され、さらに保健所を設置している自治体から厚生労

26　例えば、全国保健所会は、2025年度予算編成に向けて保健所における正規職員の増加や「措置入院制度に係わる人員確保困難についての抜本的解消」に向けた取り組みを要望している（全国保健所長会「令和7（2025）年度 保健所行政の施策及び予算に関する要望書」2024年6月）。

働大臣に集約されることとなっている。

このように感染症対策の枠組みは、実施の詳細は地方自治体が決めるとしても、その際に参照されるべき指針や基準の多くが国によって定められている。もちろん、実際の取り組みは自治体が行っており、地域の実情と住民の実態にあった取り組みを実現するべく、例えば実施場所・時間帯・内容等、自治体が裁量を発揮すべきところも多く残されている。しかし、少なくとも感染症対策の中核的内容については、ほぼ国が定める仕組みになっている。

こうした国の関与は、全国的に一体的に行われるべき性質を備えた感染症対策においては合理的な面がある。ヴェルナー・トレスケンは、米国での天然痘対策を歴史的に検討し、天然痘に対する州間の基本方針の違いが、米国における天然痘対策の国際的遅れにつながったとの解釈を与えているが[27]、確かにもし感染症そのもののとらえ方や対策の方向が地域間で大きく異なれば、そのような影響を与える可能性も否定できない。

2022年の感染症法改正における国と地方自治体との関係に関する事項では、国の都道府県に対する指示権および国の総合調整機能の二つが重要な内容を含んでいる。前者は、感染症対策上「緊急の必要」があると厚生労働大臣が認める場合に、都道府県知事が行う事務に関し必要な指示を行えるというものである（第63条の2）。この指示権により、厚生労働大臣は、感染症法に定められている事項の範囲において、指示を行うことできる。

後者は、新型インフルエンザ等感染症の対策に関わり、人材確保、移送を含めた「まん延防止のために必要な措置に関する」関係者の総合調整を行うというものであり、その範囲は、「都道府県知事又は医療機

27　ヴェルナール・トレスケン『自由の国と感染症 法制度が映すアメリカのイデオロギー』（みすず書房、2021年）。

関その他の関係者」という幅広いものである（感染症法第44条の5）。[28]

⑵　感染症対策の経験と国の指示権

以上のように、新型コロナウイルス・パンデミックでの経験をふまえてなされた感染症法改正により、国はもともとあった基本指針の策定や技術的助言に加えて、対策実施における総合的調整機能、さらには都道府県への指示権など幅広い機能をもつようになっている。

こうした国から都道府県への指示については、対策本部で打ち出されたトップダウン的な体制整備像を受けたものである。すなわち、「対策本部長（総理）の指示を行政各部に徹底し、強化された行政権限等を的確に行使させ…(中略)…一元的に感染症対策」をするため、「厚生労働省感染症対策部をはじめとして厚生労働省及びその他府省庁の関連業務（物資調達、広報など）にたずさわる職員を内閣感染症危機管理庁の指揮下に置く」こと、そのために招集職員をリスト化しておくことが提起された。さらに、「国内におけるまん延の初期段階から、国・地方を通じて迅速に措置を講じ得るよう必要な措置を検討するとともに、クラスターの発生等により行政機関が機能不全となる場合への備えを行う」との課題が示され、政府対策本部長からの自治体等への指示、感染拡大により事務遂行が困難になった場合の事務代行等の要請を、「緊急事態宣言やまん延防止等重点措置の期間のみならず、政府対策本部設置時から行い得るようにする」ことが検討課題とされた。[29]

これまで述べたように、一般的な補充的指示権の議論より前に、新型コロナウイルス感染症への対策において指摘されてきた課題への対

28　前掲注16『詳解　感染症の予防及び感染症の患者に対する医療に関する法律』五訂版310～313頁。

29　新型コロナウイルス感染症対策本部「新型コロナウイルス感染症に関するこれまでの取組を踏まえた次の感染症危機に備えるための方向性」(2022年6月27日) 8頁。なお、これらは特措法改正により実現され、政府は「新型インフルエンザ等発生時等における初動対処要領」(2023年9月) などを定めている。

応策が導入された。特に、国、都道府県、保健所設置市・特別区が実務のレベルでどのように役割を分担し、また連携しつつ、初動をすすめるかについては、指摘された問題に対応した改正が行われたといえる。このことは、逆にいえば、少なくとも感染症対策という点についていえば、これまでなかったような「想定外」の感染症が生じたとしても、初動で機動的に対応し、必要な手立てを迅速に組織しうるような枠組みと実務レベルでの取り組みを構築する仕組みが導入されているということであり、特段一般的な補充的指示権を創出する必要性が低いということである。また、もし法改正を必要とするような「想定外」の場合には、法改正を行うまでは指示権を実施することも不可能となる。最後に、この点に関わる課題を指摘しておきたい。

3 「想定外」に備える法制とそれに向けた社会的議論

(1) 社会的行為の制限などより強い規制の検討と評価

日本のパンデミック対策においては、感染者への対応はあるものの、まん延防止に向けて市民生活を大胆にまた強制的に抑制する法的措置（いわゆるロックダウンや外出禁止）は法制化されていない。ただし、外出や人流の抑制、在宅勤務や遠隔教育の普及などが政府によって呼びかけられ、個人がそれを受けて行動する—いわば自粛の組織化によって、感染症の伝播の抑制が促された。また、新型コロナウイルス感染症がどのように伝播するかという知識の普及やそれにともなう恐怖心、流行状況および医療体制の状況の共有といった情報が人々に影響を与えた可能性も指摘されている[30]。

しかし、いくつかの国が行ったように、拘束力をもった措置を可能性とする法的な備えは不要なのであろうか。例えば、全国知事会は、ロ

30　仲田泰祐・岡本亘「行動制限・情報効果（恐怖心効果）に関する実証分析のまとめ」内閣感染症危機管理統括庁ウエブ掲載資料（2022年7月14日）。

ックダウンのような「徹底した人流抑制策について、国の責任の下で、特措法・旅館業法等必要な法整備を検討する」ことを国に要請しているが[31]、こうした措置の有効性を評価し、人権の配慮などを含めて、どのような方策がありうるのか、あるいはありえないのかを検討していくことは、パンデミック対策の法的備えを考える上でなお残されている検討課題といえる。

このような人々や企業の活動制限を可能とする法的備えについては、それら規制に関わる法理論や内外の感染症対策に関するエビデンスをふまえることは当然であるが、それに加えて、今回の新型コロナウイルス感染症対策や災害対策の経験を、多方面の参加を得てまとめ共有していくことが重要であろう。本論で紹介した有識者会議には、政府の視点からの事実経過と評価が記載されており、その限りでは有用な資料といえる。しかしながら、そこには書かれていないことも多くある。たとえば、緊急事態宣言のもとで具体的な措置を行った都道府県や保健所を設置している市・特別区[32]、そして規制の対象あるいは活動・行動の自粛を呼びかけられた住民・企業は何を経験し、それをどう受け止めたのであろうか。また、首相によって学校の休校が要請され、かなりのところでそれが実施されたのであるが、教職員、児童・生徒、保護者はそれをどう受け止め、どのような経験をしたのであろうか。こうした点については、さまざまな報道や研究がなされているが、今後の法的備えを考える情報基盤として、政府は何らかの方法により社会における経験を幅広く収集、整理して、情報を共有していくことが望まれる。なお、英国では、今後の取り組みへの教訓を導出すべく、新型コロナウイルス感染症対策に関わる独自の委員会が2022年

31　全国知事会「新たな日本の創成に向けた提言」(2023年10月)。

32　自治体研究社のシリーズ『コロナと自治体』(全5巻)、および尾身茂・脇田隆字監修、正林督章・和田耕治編『令和4年度地域保健総合推進事業　新型コロナウイルス感染症対応記録』(日本公衆衛生協会、2023年)が参考になる。

から設置され、文書での情報収集だけでなく、多数の人々・個人からの聞き取り等をすすめている[33]。

(2) 「想定外」に備える法制

さらに、感染症対策を含む、「想定外」の事態に対する危機管理法制あるいは緊急事態法制という検討課題がある。補充的指示権は、感染症法等の個別法において指定されていない権限を「国民の安全に重大な影響を及ぼす事態」に際して国に与えるものであるが、これは緊急事態法制の一部をなすものということができる。ヴェニス委員会（人権にかかわる国際機関である欧州評議会が設置した組織であり、正式名称は「法による民主主義のための欧州委員会」）の報告書では、「緊急事態」を「国に根本的な脅威をもたらす異常な状況に対応し、それを克服するために、行政府に例外的な権限が付与され、例外的な規則が適用される一時的な状態」としているが[34]、このように通常時と異なる規則が適用されるという点において、補充的指示権はまさに緊急事態法制の一部をなすといえる。

これまで述べてきたように、パンデミックを含む感染症対策においては、危機管理の枠組み、さらに感染症に関わる「緊急事態宣言」の際に、国・地方公共団体がどのように役割分担して取り組みを進めるかについての法的な備えは、新型コロナウイルスのような新しい特徴をもった感染症に対してもほぼ確立しているといってよい。しかしながら、そのような法的備えがあったとしても、今後すべての事態に対応できるとは限らず、ヴェニス委員会がいうような「緊急事態」に備

33　UK Covid-19 Inquiry のウエブサイト（https://covid19.public-inquiry.uk/）の記載による。

34　国立国会図書館調査及び立法考査局編『諸外国の憲法における緊急事態条項』（国立国会図書館、2023年）、4頁。この国立国会図書館調査及び立法考査局による報告書は、経済協力開発機構の加盟国の憲法上の緊急事態条項の内容ならびにイギリスなど憲法への記載がない国の対応する法制度について述べたものである。

える一般的な法制の必要性は否定しにくい。

というのは、生じうる事案に対して、立法のみによって対応できるかどうかには、いささか懸念があるからである。たとえば、感染症に特化したものだけではなく、それに加えて災害、軍事、外交関係、サイバーテロリズム、などを巻き込んだ複合的な事案が生じた場合には、各論的な危機管理の枠組みだけで対応できず何らかの立法を必要とすることがありうるのではないか。そうした場合に、事案そのものの性質から極めて迅速に実行する必要があることもありうるだろうし、また、仮に一定の時間的猶予がある場合でも、国会が当該事案そのものにより迅速に活動することが困難となる可能性もある。このような意味では、可能性は低いとしてもさまざまな事態を仮想し、一般的な意味での「緊急事態」に対する法制のあり方を検討することには意義がある。特に、「緊急事態」において、どのような権限をどのような手続きでそしてどのような制限のもとで行政府が実施できるようにするのか、また国会の運営は「緊急事態」においてどのようになされるのか、など検討すべき点は幅広くある。

こうした論争的な課題である「緊急事態」への対応の議論が成熟しない現状において、「補充的指示権」のように国と地方自治体との関係のところだけ取り出した形で、「緊急事態」に関わる法制を整備することは、妥当であろうか。筆者は、むしろ危機管理・緊急事態法制のあり方を、その必要性の是非も含め、民主的統治の観点から幅広く社会的に議論すること、つまり総論的な議論を先行させるべきと考える。というのは、全体的な対応が求められる危機管理において、その一部のみを構成する要素を先行することは、法の効果という点でも疑問があるとともに、民主的統治の徹底という点でも熟慮を重ねる過程が十分組織されない危険性があるからである。

4　おわりに

本稿では、新型コロナウイルス感染症の経験を振り返って行われた多岐にわたる感染症法の改正事項を概観し、特に新たに国に条件付きの都道府県への指示権と総合調整権が設定されたことをみた。この改正により、少なくとも感染症対策の領域では、国と地方自治体との一般的な関係を変化させる補充的指示権を設定する必要性は低いように考えられる。

補充的指示権は、内容的には緊急事態法制の一部をなすものと考えられるが、あくまでその際施行されている法の運用に関わる権限である。しかし、「想定外」のパンデミックが生じた際には現行法の枠組みそのものが限界に直面することも考えられ、むしろ、その場合にどのような対応を行うかについて、すなわち日本では導入していない厳しい行動制限等の是非や、一般的な緊急事態法制のあり方について―それらをあえて導入しないという選択も含めて―幅広くまた緻密に検討していくことが望まれる。

第Ⅲ部

公共サービスをめぐる政策変化と自治体間連携・公共私連携

第4章
情報システムの「最適化」と地方自治
—個別最適から全体最適へ

本多滝夫

はじめに

第213回国会において成立した地方自治法の一部を改正する法律は、地方自治法（以下、自治法）に新たに「第11章　情報システム」を設けている。新章は全2条全6項から成る小さな章であるが、これまでの地方自治のあり方に変容を求めるものである。同章の新244条の5第1項はつぎのような定めを置いている。

「普通地方公共団体は、その事務を処理するに当たって、事務の種類及び内容に応じ、第2条第14項及び第15項の規定の趣旨を達成するため必要があると認めるときは、情報システムを有効に利用するとともに、他の普通地方公共団体又は国と協力して当該事務の処理に係る情報システムの利用の最適化を図るよう努めなければならない。」

※新たに設けられた第11章の構成、各条項の趣旨は以下の通りである。

①地方公共団体は、事務の種類・内容に応じ、情報システムを有効に利用するとともに、他の地方公共団体または国と協力し、その利用の最適化を図るよう努めることとする。（新244条の5第1項）。

②地方公共団体は、サイバーセキュリティの確保等情報システムの適正な利用を図るために必要な措置を講じることとする。（新244条の5第2項）

③地方公共団体は、サイバーセキュリティの確保の方針を定め、総務大臣は、地方公共団体の定めるサイバーセキュリティ確保の方針の

策定等について指針を示すこととする。(新244条の6第1〜第4項)

なるほど、同項は、その見出し(「情報システムの利用の原則」)の通り、行政のデジタル化の進展に合わせて従前の地方自治法が地方公共団体の事務処理に求めていた能率性・効率性の原則(自治法2条14項)および組織運営の合理化・規模の適正化の原則(自治法2条15項)を情報システムに適合させることを意図したものとも見ることができる。しかし、同項に用いられている「最適」、「最適化」という用語はこれらの条文に見出すことはできないし、自治法全体にも見出すことはできない。

ところで、「最適化」という法律用語は、農業関係の法律に見出すことができる。たとえば農業委員会法において定義づけされている「農地等の利用の最適化の推進」は農地法、農業組合法、農水産業協同組合貯金保険法などにおいても用いられ、農業委員会法は同用語を「農地等として利用すべき土地の農業上の利用の確保並びに農業経営の規模の拡大、耕作の事業に供される農地等の集団化、農業への新たに農業経営を営もうとする者の参入の促進等による農地等の利用の効率化及び高度化の促進をいう」(農業委員会法6条2項括弧書き)と定義している。また、エネルギーの使用の合理化及び非化石エネルギーへの転換等に関する法律は、「電気の需要の最適化」という用語を定め、「季節又は時間帯による電気の需給の状況の変動に応じて電気の需要量の増加又は減少をさせることをいう」(省エネ法2条6項)と定義している。前者の「最適化」は、「効率化」・「高度化」といった効用の増大を意味するのに対し、後者の「最適化」は均衡を意味するものと思われる[1]。

このたび自治法に追加された「情報システムの利用における最適化」は、関連条項に照らせば、「効率化」・「高度化」に近い意味ではな

1　なお、良質かつ適切なゲノム医療を国民が安心して受けられるようにするための施策の総合的かつ計画的な推進に関する法律には「最適な医療」(1条)という用語が用いられているが、他の法律とは異なり、「最適」に関する定義規定はない。

いかと思われる。もっとも、それによりいかなる効用の増大が図られるのかについては条文そのものからは明らかではない。そこで、この間の地方自治にかかる改革動向の脈絡において、「最適化」の含意を考察することとしたい。

1　第33次地制調の答申にみる「最適化」

本条の立法理由としては「地方公共団体の運営の合理化及び適正化」が挙げられているところ、「地方制度調査会の答申にのっとり」とされている（地方自治法の一部を改正する法律案・理由）。本条の基になった第33次地方制度調査会（以下、第33次地制調）の答申には「最適化」に言及した記述が6ヵ所あるが、以下の2ヵ所の記述が今回の「最適化」の意味を端的に表している[2]。

「第一に、DXの進展を踏まえた対応である。急速な人口減少によって、人材不足が深刻化するなど、経営資源が制約される中で、地方公共団体が職員等のリソースを創意工夫を要する業務にシフトさせ、より質の高い行政サービスを持続可能な形で提供していくため

2　本文掲記の箇所のほかに答申に出てくる箇所は以下の通りである。

・「地方分権改革によって構築されてきた国と地方公共団体の間の役割分担や関係を基礎としつつ、デジタル技術を最適化された形で効果的に活用するために、国と地方公共団体の間の連携・協力を従来以上に緊密に行うことが重要である。」（5頁）

・「基幹業務システムの標準化の取組は、情報システムの開発・運用に係る地方公共団体の人的・財政的負担を軽減するだけではない。こうした取組は、従来、地方公共団体間・システム間で互換性がなかったデータの標準化によってデータ連携や新たなサービスの迅速な提供が容易になり、さらには、デジタル化を前提とした業務フローや制度の見直し、人員配置やシステム構成の最適化が可能となるなど、行財政運営のあり方を変革する重要な契機にもなる。」（7頁）

・「自治体DXを総合的に推進するためには、フロントヤードとバックヤードのデジタル化に一体的に取り組むことにより、住民サービスの高度化の視点に加え、窓口対応等の効率化により、創意工夫を要する業務のために人員配置の最適化を実現するという視点、さらに、(4)で述べるデータを活用した意思形成につなげていく視点が重要である。」（7頁）

・「地方公共団体が生成AIなどの最先端技術を業務上利用する場合には、情報セキュリティ等のリスクへの対応に万全を期し、行政サービスの信頼性の確保に留意した上で、業務の効率化、人員配置の最適化と創造性の向上のために有用な分野において、適切な活用の手法を検討することが重要である。」（9頁）

＊下線引用者

には、デジタル技術を活用し、地方公共団体と住民との接点や内部事務、意思形成における業務改革を飛躍的に進める必要がある。その際には、規模を拡大するための追加的な費用負担が低廉であり、かつ、規模の拡大によって付加価値を高めることが可能になるデジタル技術の性質を踏まえ、地方公共団体間で共通性の高いインフラやアプリケーションを、広域又は全国的に整備して、重複投資を回避しつつ全体的な最適化を図る必要がある。これらのDXの進展を踏まえた情報セキュリティや人材の確保も必要となる。いずれの取組も、個々の地方公共団体において主体的に行うのみならず、地方公共団体相互や国と地方公共団体の間で連携・協力して行うことが求められる。」(2頁)

「地方公共団体のニーズや意見を十分踏まえた上で、行政分野の種類・特性に応じ、広域の単位から国・地方全体まで、様々な規模での最適化が求められるが、全国的な共通基盤・共通機能については、地方の創意工夫を活かしつつ、国が制度面、財政面を含め、積極的にその役割を果たすことが必要である。」(9頁)　＊下線引用者

ここで注意しなければならないのは、答申がとくに求めているのは、個々の自治体の「情報システム」における「最適化」ではなく「全体的な最適化」という点である。具体的には、「地方公共団体間で共通性の高いインフラやアプリケーションを、広域的又は全国的に整備〈する〉」ことを念頭に置いている。実際のところ、行政実務においては、地方公共団体情報システム標準化法（令和3年法律40号）に基づいて、2025年度末までに自治体は国が定める標準化仕様に基づいて20の基幹業務の情報システムをリプレイスする作業がすでに進行している。また、リプレイスに当たっては、自治体は、共同利用のクラウド・サーバーとして国が用意するガバメントクラウドに事業者が標準化仕様に基づいてあらかじめ構築している基幹業務システムを利用することを

推奨されている[3]。そうすると、新条項は、すでに進行している自治体の情報システムの標準化・共通化の作業を地方自治法制として追認する意味を持たされているにすぎないともいえよう。

しかし、後述の国・地方デジタル共通基盤基本方針が「自白」しているように、自治体情報システムの標準化・共通化は自治体の自主性・自立性と緊張関係に立つ。そうすると、新条項が地方自治にかかる一般的な原則として組み込まれたことは、その緊張関係を「全体的な最適化」の優位性の下で解消することを意図しているといえよう。

そこで、「全体的な最適化」の含意をさらに深堀りすることとしよう。

2 「全体最適」と「公・共・私のベストミックス」

(1) 第32次地制調の答申にみる「最適（化）」

ところで、第33次地制調の一つ前の代の地方制度調査会であり、デジタル化を初めて地方自治制度の課題として取り上げた第32次地方制度調査会（以下、第32次地制調）の答申にも「最適」という用語は存在している。もっとも、それは大項目の「第2　地方行政のデジタル化」の脈絡においてではなく、一ヵ所、（小項目）「(1)　地縁法人制度の再構築」において「コミュニティ組織は、その目的や活動実態等を踏まえ、事業展開に対応して、最適な組織形態を選択し、活動を発展させていくことが期待される」（12頁。下線引用者）というくだりで用いられていた。

たしかに、第32次地制調にとっては、（大項目）「第3　公共私の連携」の一課題である（中項目）「3　共助の担い手の活動基盤の強化」の

3　自治体情報システムの標準化・共通化に関して、比較的早い段階での問題点の指摘として、本多滝夫・久保貴裕『自治体DXでどうなる地方自治の「近未来」―国の「デジタル戦略」と住民自治』（自治体研究社、2021年）25～26頁、47～50頁を参照。昨今の標準化作業の遅れと生じるおそれのある莫大な費用負担の問題の指摘については、稲葉多喜生「自治体情報システムの標準化の行方」前衛1041号（2024年）158～161頁を参照。

ために、地域の課題解決に取り組んでいるコミュニティ組織に対しそれぞれの活動実態に適合した組織形態、すなわち「最適な組織形態」の選択肢を示す（増やす）ことが重要な課題であった[4]。しかし、同地制調は、この課題についてはすでに法人格が付与されている地方自治法上の地縁団体の「不動産等を保有する予定の有無に関わらず、地域的な共同活動を行うための法人制度として再構築する」（12頁）ことを提言するにとどめた。

もっとも、留意すべきは、答申の「公共私の連携」という項目名は、諮問書では「公・共・私のベストミックス」という調査審議事項名となっていたことである。「公・共・私のベストミックス」という語句は、第32次地制調の準備研究会として位置づけられる、総務省に設けられた研究会「自治体戦略2040構想研究会（2017年10月～2018年7月）」（以下、2040研究会）の第一次報告（「自治体戦略2040構想研究会第一次報告―人口減少下において満足度の高い人生と人間を尊重する社会をどう構築するか（平成30年4月）」（以下、第一次報告）において使われていたものであった。また、「全体の最適化」と同義である「全体最適」という用語もまた同研究会の第二次報告（「自治体戦略2040構想研究会第二次報告―人口減少下において満足度の高い人生と人間を尊重する社会をどう構築するか（平成30年7月）」（以下、第二次報告）にも使われている。そこで、同研究会が提示する自治体戦略2040構想に遡って「全体最適」という用語と「ベストミックス」という用語との関係を明らかにすることとしよう。

⑵　2040研究会の報告にみる「全体最適」と「ベストミックス」

2040研究会は、高齢者（65歳以上）人口が最大となる2040年頃の

4　地域自治組織や地域運営組織の法人化の問題については、第32次地制調の設置前に総務省内の研究会で検討が進められていた。地域自治組織のあり方に関する研究会「地域自治組織のあり方に関する研究会報告書（平成29年7月）」を参照。

自治体が抱える行政課題を整理した上で、バックキャスティングに今後の自治体行政のあり方を展望し、早急に取り組むべき対応策を検討することを目的としていた。

2040研究会は、まず、第一次報告において比喩的ではあるが、自らの課題を「新たな自治体と各府省の施策（アプリケーション）の機能が最大限発揮できるようにするための自治体行政（OS）の書き換え」であり、「住民の福祉のため、自治体行政のあり方も、大胆な変革を構想する必要がある」（49頁）としている。

このように自治体を国のさまざまな施策を実施するための共通の基本システム（OS：オペレーティングシステム）でもって稼働する基盤と捉えたうえで、2040研究会は「最適」と「公・共・私のベストミックス」をつぎのように関連付ける。

> 「人々の良質な生活を満たす公・共・私のベストミックスのあり方や方法は、都市部と農村部、東京圏と東京圏以外など、地域によって大きく異なる。自治体は、地域の戦略本部として、制度や組織、地域の垣根を越えて、資源（施設や人材）を賢く戦略的に活用する必要がある。個々が部分最適を追求することにより合成の誤謬に陥らないようにしなければならない。
>
> 加えて、自治体には、専門性を発揮し、住民の合意形成をコーディネートする役割がより求められることとなる。地域ごとの公・共・私のベストミックスに移行するため、自治体は、単なる『サービス・プロバイダー』から、公・共・私が協力し合う場を設定する『プラットフォーム・ビルダー』への転換が求められる。」（49頁）

＊下線引用者

つまり、国との関係では自治体は施策の実施基盤ではあるが、地域においては、自治体は「戦略本部」、すなわちオペレーション・センターとなり、地域の公的機関、共助組織、営利事業者が従来もっぱら自らの利益のために、すなわち部分最適を実現するために利用してきた自ら有する施設や人材を、三者の間で相互に融通するためのプラットフォームを地域に形成せよ、またそれによって実現される地域における全体最適のために自治体は自らサービスを提供するために保有してきた施設や人材を放棄せよ、というのである。

第一次報告では、全体最適という用語は使われていないが、「個々の部分最適の追求が合成の誤謬に陥〈る〉」といった指摘は、全体最適の追求が重視されるべきであることを含意しているし、地域における資源の全体最適な配分とは「公・共・私のベストミックス」を意味すると読み取ることができよう。もっとも、全体最適という用語は、第一次報告では地域における公・共・私における資源配分に関するものにとどまり、自治を否定するような趣旨で使われているわけではなかった。

しかし、第二次報告では幾分その様相が変化する。同報告では「これまでの人口拡大期には、…独立した自治体による個別最適の追求が全体最適をもたらした」が、「人口減少期を迎え、…行政サービスの質や水準に直結しない業務のカスタマイズは却って全体最適の支障となっている」(29頁)との指摘がされ、さらに「個々の自治体が短期的な個別最適を追求し、過剰な施設の維持や圏域内での資源の奪い合いを続ければ、縮減する資源を有効に活かせないまま、圏域全体、ひいては我が国全体が衰退のスパイラルに陥る」ことから「現在の自治体間連携を超えて中長期的な個別最適と全体最適を両立できる圏域マネジメントの仕組みが必要である」(30頁。下線引用者)との提言がされるに至った。地域における公・共・私の各セクターによる最適の追求、すなわち「部分最適の追求」の問題から、圏域全体における各自治体の「個別最適の追求」の問題へと位相がシフトしたのである。その具体的な問題として槍玉に挙げられたのが、情報システムであった。

第二次報告で打ち出された「新たな自治体行政モデルの考え方」の一つである「スマート自治体への転換」の項目で、2040研究会は「行政内部（バックオフィス）の情報システムについて、自治体ごとに開発し部分最適を追求することで生じる重複投資をやめる枠組みが必要である」（32頁）として、自治体相互の間での情報システムの標準化・共通化を通じての情報システム経費の軽減を説いた。さらに、同報告には「今後、既存の情報システムや申請様式の標準化・共通化を実効的に進めていくためには、新たな法律が必要となるのではないか」（同頁）との指摘があり、これが、前出の地方公共団体情報システム標準化法の制定につながることになった。もっとも、この時点での情報システムの標準化・共通化の目的は圏域マネジメントを支える一手段であったと思われる[5]。

ともあれ、2040研究会の2次にわたる報告を通じて、個別最適の追求よりも全体最適の追求を優先する考え方が形成され、これを法制化する機会が待たれていたのである。

3 「社会全体のデジタル化」と地方自治

(1) 第32次地制調の答申とデジタル改革関連法

第32次地制調に話を戻そう。同調査会は、「圏域における地方公共

5　筆者は自治体戦略2040構想をつぎのように整理し、批判したことがある。「自治体戦略2040構想…は、東京を相変わらず成長エンジンとして位置づけたうえで、これまで東京に行財政資源を集中的に投下してきた仕組みを人口減少時代に合わせて再編するために、東京圏概念をつくって、東京圏全体の支えによって東京を維持し、東京圏以外の地方圏は『中枢中核都市』（2018年12月全国で82都市を指定）を中心に圏域を形成し、中枢中核都市が圏域の高度な都市機能を担い、スマート自治体と称される周辺市町村はICT（情報通信技術）用にスタンダード化された行政を担うだけにする。スマート化によって半減させられた自治体職員では担えない住民サービスについては、これをシェアリング・エコノミーや地域運営組織・地域自治組織に委ねて、これらの『私』と『共』が自治体に代わって地域を維持する。それができないような圏域外の市町村は都道府県が補完すればよい、とするものです。」本多滝夫「日本の地方自治の歴史と課題」晴山一穂・猿橋均編『民主的自治体労働者論―生成と展開、そして未来へ』（大月書店、2019年）147頁。

団体の協力関係」をトップの調査審議事項とした諮問と異なり、答申では、「地方行政のデジタル化」をトップの項目として掲げ、「全国的に深刻化する人手不足への対応に加え、新型コロナウイルス感染症への対応も契機として、今後、デジタル技術の活用が一層進み、社会全体に普及する」ことに対応して、「行政サービスの提供体制を平時からSociety 5.0 における技術の進展を最大限活用したスマートなものへと変革し、デジタル社会の基盤となるサービスを提供していく必要が」あり、「社会全体で徹底したデジタル化が進めば、東京一極集中による人口の過度の偏在の緩和や、これによる大規模な自然災害や感染症等のリスクの低減も期待できる」（4 頁）といったように、Society 5.0 と社会全体のデジタル化を 2040 年頃に顕在化する危機の解決手法として前面に掲げた。

さらに、第 32 次地制調は、地方行政のデジタル化が、「従来の技術や慣習を前提とした行政体制を変革」し、これを通じて「住民、企業等の様々な主体にとって利便性」を向上させるとともに、「公共私の連携や地方公共団体の広域連携による知識・情報の共有や課題解決の可能性」を広げるなど「組織や地域の枠を越えたイノベーション創出の基盤」（5 頁）となると期待する。2040 研究会と同様に、ICT ないしデジタル技術を素材としているとしても、これがイノベーションの基盤ともなるとする点で、同地制調が掲げる「地方行政のデジタル化」は、圏域マネジメントを前提として情報システムの標準化・共通化を目指した「スマート自治体への転換」と相をやや異にしているといえよう。

社会全体のデジタル化の一環として位置づけられる「地方行政のデジタル化」を推進するために、第 32 次地制調は「今後の取組の方向性」として①国・地方を通じた行政手続のデジタル化、②地方公共団体の情報システムの標準化、③AI 等の活用、④人材面での対応、⑤データの利活用と個人情報保護制度といった 5 点を挙げた（7～9 頁）ところ、2021年5月にデジタル改革関連法を構成する法律として②については前出の地方公共団体情報システム標準化法が、⑤については個人情報保護法の改正法が制定され、自治体は、情報システムについては国の標準仕様に準拠して作成されたソフトウェアの利用を強制されることになり、個人情報保護については個人情報保護法に定める共通ルールに拘束され、外部の情報システムのオンライン結合を制限する権限を奪われたのである。同答申には前述のように、「全体最適の追求」といった用語は存在しなかった。にもかかわらず、個別最適の追求よりも全体最適の追求の優先へと地方自治を変容させる法制が採用されたのであった[6]。

(2)　第33次地制調におけるデジタル化の課題について

第33次地制調は、前述の通り、答申の冒頭に、「重複投資を回避し」「全体的な最適化」を図る対象として「地方公共団体間で共通性の高いインフラやアプリケーション」を挙げ、これを「広域又は全国的に整備〈する〉」必要性を説いている。ここだけに着目すると、自治体の情報システムの標準化を求めた第32次地制調の答申の延長に過ぎないように見える。しかし、第33次地制調は、情報システムの標準化を「重複投資の回避」のためだけに推進することを意図しているわけではない。「広域又は全国的な規模で、地方公共団体の間で事務の共通性の高い分野に係るインフラやアプリケーションを整備する」には「業務フローの標準化」が前提となるところ、「業務フローの標準化」は「全国の地方公共団体が行政サービスの効率化・高度化を図〈る〉」

6　本多滝夫「デジタル社会と自治体」岡田知弘ほか『デジタル化と地方自治―自治体DXと「新しい資本主義」の虚妄』（自治体研究社、2023年）91～94頁、109～111頁を参照。なお、本多滝夫「地方行政のデジタル化の論点―自治体DXと地方自治」榊原秀訓ほか編『地域と自治体第39集　「公共私」・「広域」の連携と自治の課題』（自治体研究社、2021年）57頁以下も参照。

ために行われるのである（答申5頁)。すなわち、「共通性の高い分野に係るインフラやアプリケーション」の整備は、自治体の業務のあり方の変容をも同時に求めている。そこで、このようなデジタル化を推進する趣旨から、第33次地制調は、「デジタル・トランスフォーメーションの進展を踏まえた対応」として「DXによる地方公共団体の業務改革」と「国・地方におけるデジタル化の共通基盤・共通機能等」を挙げ、さらにその組織的および人的保障の観点から「地方公共団体における情報セキュリティとデジタル人材」を挙げるのである（答申6～11頁)。

もっとも、第33次地制調は、「DXによる地方公共団体の業務改革」については現在行われている具体的な施策（「行かない」オンライン手続に加え、「迷わない」、「待たない」、「書かない」ことを目的とした窓口業務の改革など）に詳細に触れつつ、その意義（窓口対応等の効率化による人員配置の最適化）を説いているのに対し、「国・地方におけるデジタル化の共通基盤・共通機能等」については「国及び地方公共団体が、共通のクラウド上にそれぞれの情報を保存し、あらかじめ決められた範囲内で互いに当該情報にアクセスできるようにすることは、膨大な文書のやりとりが不要になるなど、双方の事務の効率化につながることから、各主体における情報の適切な管理を前提としつつ、積極的に推進することが重要である」（答申10頁）と指摘しながらも、具体的な提言には至っていない。同地制調の審議段階では、その施策の検討が未だ熟したものとはなっていなかったためであろう。その課題は、同地制調において答申案が検討されている時期に新たに設置されたデジタル行財政改革会議の検討に委ねられていた。

(3) デジタル行財政改革会議と国・地方デジタル共通基盤の整備

デジタル行政改革会議は、岸田政権がその発足から進めてきたデジタル田園都市国家構想とデジタル規制改革を統合して、デジタル化による社会変革、すなわち社会全体のデジタル化を推進する、あらたな司令塔として2023年10月6日に設置された。同会議は、内閣総理大臣を議長とし、内閣官房長官と新たに置かれたデジタル行財政改革担当大臣を副議長とする会議体で、デジタル改革、デジタル田園都市国家構想、規制改革、行政改革などにつき司令塔機能を果たすために、デジタル庁を所管するデジタル大臣、デジタル田園都市国家構想実現会議を所管するデジタル田園都市国家構想担当大臣、規制改革推進会議を所管する内閣府特命担当大臣（規制改革）、行政改革推進会議を所管する行政改革担当大臣を構成員とし、さらにデジタル行財政改革を各府省庁のみならず、国・地方を通じて一体的かつ強力に推進するために、内閣府特命担当大臣（経済財政政策）、財務大臣、経済産業大臣、地方制度を所管する総務大臣をも構成員としている。

デジタル行財政改革会議におけるデジタル行財政改革の基本的考え方は、以下の通りとされている（第1回デジタル行財政改革会議（2023年10月11日開催）配布資料4「デジタル行財政改革について」2頁）。

1．地域を支える公共サービス等に関し、システムの統一・共通化等で現場負担を減らすとともに、デジタルの力も活用してサービスの質も向上。
2．あわせて、デジタル活用を阻害している規制・制度の徹底的な見直しを進め、社会変革を起動。
3．EBPMの手法も活用し、KPIや政策効果の「見える化」を進め、予算事業を不断に見直し。

これらによって、デジタルの力を活用して、豊かな社会・経済、持続可能な行財政基盤等を確立する。

上記の基本的な考え方に基づいて検討を進めた同会議は、2024年6月に「デジタル行財政改革　とりまとめ2024（2024年6月18日）」（以下、とりまとめ2024）を決定した。同とりまとめは、「各分野〈教育、介護・医療、子育て、交通、防災、観光、スタートアップ―引用者注〉における改革」、「デジタル基盤の構築」および「EBPM・予算ID・基金等」から構成されているところ、デジタル行財政改革会議は、とりまとめの決定と同時に、「デジタル基盤の構築」に関連して、「国・地方デジタル共通基盤の整備・運用に関する基本方針（2024年6月18日）」（以下、共通基盤基本方針）をも決定した。そこで、本稿の目的との関係において、同基本方針が国・地方関係に与える影響について若干の指摘をしておきたい。

共通基盤基本方針は、「国・地方デジタル共通基盤」を「国及び地方公共団体の一方又は双方が利用する、デジタル化を進めていく上での共通の基盤」と定義し、「マイナンバーカード等の国及び地方公共団体が共通して利用するDPI[7]、官民でデータを連携するために国又は地方公共団体が整備するデータ連携基盤を活用して国又は地方公共団体が共通して利用できるSaaS[8]（共通SaaS）、クラウドやネットワーク等の物理／仮想基盤等により構成される」とその外延を定めている（3頁）。

共通基盤基本方針は、情報システムの「標準化〈国が主導して地方公共団体の意見を聴きながら標準仕様書を作成し、事業者が当該標準仕様書に沿ったシステムを開発・提供することにより、共通の機能の提供やデータの標準化を進める方法―引用者注〉」を踏まえ、「共通化〈国が主導して地方公共団体の意見を聴きながら作成する仕様書に沿ったシステムを原則ガバメントクラウドに構築し、ソフトウェアサービスとして提供することで、地方公共団体はシステムを所有するのではなく、複数の団体と同じシステ

7　DPI　Digital Public Infrastructureの略。国連においてデジタル公共インフラは、「公益のために構築されるネットワーク化されたオープンテクノロジ標準」と定義される。共通基盤基本方針2頁注2を参照。

8　SaaS　Software as a Serviceの略。利用者に、特定の業務系のアプリケーション、コミュニケーション等の機能、運用管理系の機能、開発系の機能、セキュリティ系の機能等がサービスとして提供されるもの。共通基盤基本方針3頁注3を参照。

ムを利用する形でサービス提供を受けるもの（いわゆる共通SaaS）—引用者注〉」に重点を置き、「共通化」をさらに「共通化パターンA〈国が1つのシステムを調達・構築し、地方公共団体の調達を不要とする—引用者注〉」と「共通化パターンB〈国が標準仕様書を策定し、複数の事業者が、当該標準仕様書に沿ったシステムをガバメントクラウドに構築することにより、地方公共団体が複数のシステムの中から選択し、当該システムを提供する事業者と利用契約を結ぶ—引用者注〉」に分け、複数社の参入による継続的な改善が図られる等の観点から後者を共通化の基本形と位置づける（7頁）。そして、すでに2025年度を期限として進められている20業務の情報システムの標準化・共通化に加えて、自治体の共通化すべき業務・システムを拡大することを国・地方デジタル共通基盤の整備の課題として掲げる（8～9頁）。

共通基盤方針によれば、このような国・地方デジタル共通基盤の整備を推進していくことにより行政の姿は以下のようなものになるという（3～4頁）。

ⅰ）急激な人口減少社会に対応するため、システムは共通化、政策は地方公共団体の創意工夫という最適化された行政

ⅱ）即時的なデータ取得により社会・経済の変化や国民の生活様式の多様化に柔軟に対応するとともに、有事の際に状況把握や給付などの支援を迅速に行うことができる強靭な行政

ⅲ）規模の経済やコストの可視化及び調達の共同化を通じた負担の軽減により、国・地方を通じ、トータルコストが最小化された行政

＊下線引用者

ⅰ）とⅲ）は、自治体戦略2040構想の「スマート自治体への転換」にすでにその端緒があったものであるところ、それを「最適化された行政」、「トータルコストが最小化された行政」として再設定をしている。もっとも、再設定にとどまらず、ⅰ）の「政策は地方公共団体の創意工

夫」といった表現からは、デジタル社会においては自治体の自主的な政策展開が重視されいるかのように見える。また、共通基盤基本方針には、「国・地方デジタル共通基盤の整備は、地方分権改革前の国と地方公共団体の関係を復活させるものではな〈く〉」、「国による共通化や標準化の支援は、地方分権改革により明確化された国と地方公共団体との役割分担の下で、地方公共団体の事務を技術的に下支えし、負担が軽減された分、これまで手の届かなかった地域特有の課題への対処や住民へのよりきめ細かなサービスの提供などを可能とするものである」との記述もある（5 頁）。これらの記述は、2040 研究会が第一次報告において改革の課題を「新たな自治体と各府省の施策（アプリケーション）の機能が最大限発揮できるようにするための自治体行政（OS）の書き換え」としていたことに照らすと、地方公共団体情報システム標準化法による標準化が団体自治を侵害するおそれがあるとする批判[9]に対応したものとも読め、興味深いところである。

たしかに、第 33 次地制調も指摘するように、SaaS を利用した窓口業務のワンストップ化、デジタル化を前提とした業務フローや制度の見直しなどフロントヤード（窓口）とバックヤード（内部事務）のデジタル化の一体的取り組みにより、「創意工夫を要する業務のために人員配置の最適化」（答申 7 頁）が実現されるかもしれない。そうなれば、政策にかかる「地方公共団体の創意工夫」への期待は高まるともいえる。

しかし、情報システムの標準化は、第 33 次地制調自身も危惧するように（「必ずしも画一化すべきでない部分については、地方公共団体が自主性・自立性を発揮できるよう留意が必要である」〔同 7 頁〕）、事務処理の画一化を招来し、自治体の自主性・自立性を損なうおそれがあること

9　たとえば、日本弁護士連合会「地方公共団体における情報システムの標準化・共同化に関する意見書（2021 年 11 月 16 日）を参照。

は否めない[10]。また、創意工夫が求められる「人口減少・高齢化・人出不足への対応」については、デジタル行財政改革会議自体がとりまとめ 2024 の「2　各分野における改革」においてそれぞれの分野の改革の方向性と施策を具体的に示しており、デジタル化を解決手法として選択せざるを得なくされている自治体には創意工夫の余地はほとんどないといえよう。

それどころか、「システムの共通化や標準化によって、国は地方公共団体の業務で用いられているデータを、その性質等に配慮しつつ、権限に基づいて効率的に取得し、現場の実情をよりタイムリーに把握することが容易に〈なり〉」、「これによって、地方公共団体の実態に即した国の政策立案がより実効的に行われることが期待される」（共通基盤基本方針５頁）との指摘に照らせば、国・地方デジタル共通基盤の整備は、やはり、それを通じて取得したデータを基にして国が立案した政策を効率的に自治体に実施させるために行われるものであるといえよう。共通基盤基本方針における国・地方関係に関する基本的な考え方は、自治体戦略 2040 構想の域を決して出るものではない。

なお、「ⅱ）有事の際に状況把握や給付などの支援を迅速に行うことができる強靱な行政」は、2040 研究会や第 32 次地制調には見られなかった行政像である。「緊急性の高いものや、有事において国が利用することが想定されるものなど、国の関与の必要性が特に高いものについては、例外的に、国が開発・運用・保守に係る費用を負担することも考えられる（共通化パターン A）」（共通基盤基本方針 12 頁）との記述に照らせば、ここで整備が求められる国・地方デジタル共通基盤は、第 33 次地制調の答申において国による補充的指示等の法整備が求められた「大規模な災害、感染症のまん延等の国民の安全に重大な影響を及ぼす事態」におけるものが想定されているといえよう。

10　前掲（注３）に挙げた文献を参照。

第 33 次地制調の答申を受けて改正された自治法には、国民の安全に重大な影響を及ぼす事態が発生し、または発生するおそれがある場合に、各大臣ならびに都道府県知事およびその他の都道府県の執行機関が、その担任する事務に関し、必要があると認めるときは、都道府県または市町村に対し資料の提出の要求をすることができる旨の条項（自治法 252 条の 26 の 3 第 1 項）が設けられた。共通基盤基本方針の上記の記述に照らせば、要求に応じた普通地方公共団体の回答は共通化パターン A として国が調達した SaaS を通じて常時行われることも想定される。特例関与のはずである「国民の安全に重大な影響を及ぼす事態」時の資料の提出の要求が常態化するおそれがあることを指摘しておこう。

おわりに

「全体的な最適化」という用語は、自治体においてそれぞれ地域の特性に応じてカスタマイズされた情報システムを個別最適の追求による重複投資であると貶め、自治体が地域の資源を保有し利用することを部分最適の追求として非難し、自治体の職員が担ってきた公共サービスを地域コミュニティ（地域運営組織など）に委ねたり、シェアリング・エコノミーの対象としたりするための嚮導（きょうどう）概念である。

したがって、自治法 244 条の 5 第 1 項に定める「最適化」は、能率性・効率性の原則（自治法 2 条 14 項）および組織運営の合理化・規模の適正化の原則（自治法 2 条 15 項）を情報システムに適合させるだけでなく、「全体的な最適化」の観点からこれらの条項を解釈する契機にもなり得るのではないかと懸念される。とりわけ、本稿では検討の対象とすることができなかった、とりまとめ 2024 に見る「各分野における改革」は、事業者が開発した共通 SaaS 利用による準公共分野のデジタル化を推進するものであり、「全体的な最適化」はデジタル化を通じた準公共サービスのいっそうのアウトソーシングの梃子として利用されるおそれがある[11]。

顧みれば、地方分権改革の根拠となった地方分権推進法（平成 7 年法律 96 号）第 2 条は地方分権の推進の理念を「地方公共団体の自主性及び自立性を高め、個性豊かで活力に満ちた地域社会の実現を図ることを基本として行われるものとする」としていた。高度経済成長期から 1990 年代まで続いた、ナショナル・ミニマムとしての「国土の均衡ある発展」の実現を目的として推進された数次にわたる全国総合開発計画が逆に東京一極集中による地域間の不均等発展を激化させてしまったことに対する反省に基づくものであった。そして、地方分権改革の最中には「我が国が追求すべき行政上の課題は、ナショナル・ミニマムの達成からローカル・オプティマムの実現へと転換されるべきである」（地方分権改革推進会議「事務事業の在り方に関する中間報告（2002 年 6 月）」とも説かれた。このように地方分権改革は、国家を起点とした「全体的な最適の追求」からではなく、自治体を起点とした「個別最適の追求」から国民生活を豊かにすることが理念とされていたといってよい[12]。

自治法第 244 条の 5 第 1 項は、自治法第 14 章として新設された「国民の安全に重大な影響を及ぼす事態における国と普通地方公共団体との関係等の特例」と並んで、憲法上の地方自治の保障や地方分権改革の理念を形骸化しかねないものである。

11　準公共分野において進行している SaaS 利用の問題については、稲葉、前掲（注 3）161～165 頁を参照。

12　もちろん地方分権改革に胚胎する新自由主義的な契機に照らせば、ローカル・オプティマムの重視が安易なナショナル・ミニマムの軽視につながる危険性にも留意する必要がある。本多滝夫「分権改革の展開とナショナル・ミニマム」法律時報 84 巻 3 号（2011 年）4～8 頁を参照。

第5章
公共サービスをめぐる自治体間連携

平岡和久

はじめに

第33次地方制度調査会答申（以下、第33次地制調答申）は、自治体間連携に関しては法改正につながるような内容になっていない。そのことは先の第32次地方制度調査会答申（以下、第32次地制調答申）において「圏域行政」の法制化が見送られたことが影響したものと考えられる。しかし、政府の政策においては、広域化・自治体間連携の推進を強めているようにみえる。さらには自治体間連携を超えて中央政府が全国的なプラットフォームを構築していく動きもみられる。本章では、第33次地制調答申が描く自治体間連携・協力の姿を検討するとともに、広域化や自治体間連携に関わる論点を整理する。

1　自治体間連携・広域化の展開

これまで自治体間連携あるいは広域行政は、主に事務の共同処理として進められてきた。木村によれば[1]、事務の共同処理は２つのグループに分類される。第１に、特別地方公共団体として一部事務組合や広域連合を設立する方式である。組合方式による事務の共同処理は、ごみ処理・し尿処理などの環境衛生、消防などの防災、福祉施設の運営などの厚生福祉で主に行われてきた。それらは基本的には自主的な自治体間連携、広域行政の組織化という性格がある。ただし、自主的な広域化の背景には、政府による消防や廃棄物処理などにおける広域化

1　木村俊介『広域連携の仕組み』改訂版（第一法規、2019年）。

の推進があった。また、介護保険制度の導入にともない介護認定審査会などが市町村の事務となったが、それらの事務を小規模自治体単独で処理するのは困難であることから一部事務組合や広域連合による共同処理がとられた。

自主的な広域化と異なる強制的な広域化も起こっている。後期高齢者広域連合は、国が制度導入時に都道府県単位で市町村すべてが加入する広域連合の設立とそこでの事務処理を義務付けたものであった。

第2に、普通地方公共団体としての協力方式であり、協議会、機関の共同設置、事務の委託、事務の代替執行などが行われてきた。なかでも近年では地域公共交通の維持のための自治体間の協力が各地で進められている。さらに2014年の地方自治法改正により「連携協約」が導入された。連携協約が導入された背景には「圏域行政」を進める動きがあった。2009年度末に「平成の合併」が一区切りとなったが、総務省はポスト「平成の合併」の施策として2009年4月から定住自立圏を推進した。その後、第二次安倍政権下で2014年の「増田レポート」を受けた地方創生戦略が展開された。地方創生総合戦略では4つの目標の一つに「時代に合った地域をつくり、安心な暮らしを守るとともに、地域と地域を連携する」が位置づけられ、連携中枢都市圏、コンパクトシティなどの新たな「圏域」づくりが推進された。連携中枢都市圏を推進するために地方自治法が改正され、「連携協約」制度が導入されたのである[2]。

政府は公営企業の経営改革と広域化も推進してきた。主な対象となったのが水道事業、下水道事業および病院事業である。公立病院については、政府は2007年、公立病院改革ガイドラインを策定し、経営形態の見直しとともに再編・ネットワーク化を推進してきた。2015年

2　本多滝夫「地方創生と自治体間連携」日本地方自治学会編『地方創生と自治体』（敬文堂、2018年）。

には新公立病院改革ガイドラインが策定された。水道事業については、2018年水道法改正にもとづき、政府は都道府県に対して「水道広域化推進プラン」の策定を要請した。また、「骨太方針2017」にもとづき、政府は都道府県に対して「汚染処理の事業運営に係る広域化・共同化計画」の策定を要請した。こうした公営企業の広域化は、PPP/PFIなど官民連携の推進と合わせて推進されてきた。

近年、都道府県による広域化の推進が目立っており、国の広域行政・自治体間連携推進策を都道府県が執行する構図をみせている。上下水道事業・消防・ごみ処理事業などの広域化、情報システムの共同化などで都道府県が市町村への働きかけを含む推進を行っている。

都道府県主導の行政広域化、自治体間連携の先進事例として取り上げられたのが「奈良モデル」である。「奈良モデル」は、人口減少と職員減、財政難のなかで行政課題に応えるために「県と市町村の総力戦」との認識に立って、県が市町村行政に踏み込んで「協働」していく取組みとしての性格がある。「奈良モデル」には以下の3つの形態がある。①広域連携支援型（ア　市町村間の広域連携を推進するため、県は助言、調整、人的・財政的支援。消防広域化、ごみ処理広域化など。イ　県が実施主体として参画し、協働で事業を実施。南和広域医療企業団、県域水道一体化など）、②市町村事務代行型（道路の長寿命化への支援、県職員派遣による市町村税の徴収強化など）、③市町村業務への積極的関与型（簡易水道への技術的支援など）。県による支援としては、財政支援、人的支援、県有資産の有効活用による支援、シンクタンク機能、調整機能などがある[3]。

「奈良モデル」の実践は、自治体戦略2040構想研究会における「二層制の柔軟化」や第32次地制調における「協働的手法」につながって

3　水谷利亮・平岡和久「『多元・協働型自治』モデルにもとづく垂直連携と水平連携の分析―『チーム愛媛』と宮崎県日向圏域の自治体間連携の事例から」下関市立大学論集第67巻第2号（2023年）。

いくことになる。

都道府県が主導した広域連携として税務の共同化がある。市町村による地方税の滞納整理の共同化は以前から自主的に行われてきたケースがあり、市町村による一部事務組合としては和歌山県、徳島県、三重県では県内全市町村が加入している。県・市町村一体型の税務の共同化は広域連合形態を取るのが2008年設立の静岡地方税滞納整理機構、2009年設立の京都地方税機構、2010年設立の長野県地方税滞納整理機構である。その他に宮城県、岡山県、福井県、岩手県、秋田県、栃木県、千葉県、新潟県など任意組織の形態を取るケースもある。

この間、行政デジタル化における共同化も進められてきた。自治体クラウドなどによる市町村のシステムの共同化が各地で進められてきた。さらに都道府県が主導してシステム共同化を進める例として京都府と府内市町村との基幹業務システムの共同化などがある[4]。

こうしたデジタル化における自主的な自治体間連携だけでなく、近年では政府がデジタル化を強力に推進しており、デジタル田園都市国家構想交付金などでは広域連携が位置づけられている。

さらに、今次の地方自治法「改正」では、自治体に業務の効率化を図るために必要であれば他の自治体や国と協力して情報システムの利用の最適化を図るように努めなければならないことが規定されている。

2 自治体戦略2040構想から第32次地制調答申に至る自治体間連携論

行政の広域化をいっそう推進するべく「圏域行政」を重視したのが自治体戦略2040構想研究会報告である。同報告では「圏域単位での行政のスタンダード化」と「二層制の柔軟化」が提案された。まず、「圏

4 平岡和久「デジタル化予算と国家財政、自治体財政」岡田知弘・中山徹・本多滝夫・平岡和久『デジタル化と地方自治─自治体DXと「新しい資本主義」の虚妄』(自治体研究社、2023年)。

域単位での行政のスタンダード化」については、連携中枢都市圏などは中心都市の施設受け入れ、施設の相互利用、イベントの共同開催など連携しやすい分野に取組みが集中しているとし、それを超えた取組みが求められるとした。そのうえで、都市機能の役割分担といった利害調整を伴う合意形成が容易でない行政課題への取組みを進める仕組み、さらにまちづくりや産業政策など圏域単位での政策遂行を促す仕組みが必要であるとし、「圏域行政」の制度化を提案した。

「圏域行政」制度化の提案に対しては自治権保障がないとして、地方団体や研究者などから厳しい批判が出された[5]。

また、研究会報告では「二層制の柔軟化」について、それが求められる背景として以下のように説明した。今後、極小化した市町村が増加し、そこでは役場の維持のための労働力の確保が困難になる。さらに人口一人当たりのインフラ（水道等）の維持管理コストも急増するとともに、小中学校の生徒数が数人となる町村も現れることが想定される。それゆえ、5万人以上の中心都市による圏域行政の条件のない小規模自治体に対して、都道府県・市町村の二層制を柔軟化し、それぞれの地域に応じ、都道府県・市町村の機能を結集した共通の行政基盤の構築を進めていくことが求められる。都道府県の補完のほか支援の手段のない市町村に支援のリソースを重点化する必要がある、というものである。さらに、小規模市町村では専門職員の不足がインフラ維持管理等を困難にするため、都道府県や市町村の組織の垣根を越えて、希少化する人材を柔軟に活用する仕組みを構築する必要があるという。

「二層制の柔軟化」に対しては以下のような批判がある。「いわば、都道府県は、圏域外の市町村の区域を対象とした代行機関である。」「行

5　白藤博行・岡田知弘・平岡和久『「自治体戦略2040構想」と地方自治』（自治体研究社、2019年）、平岡和久『人口減少と危機のなかの地方行財政』（自治体研究社、2020年）。

政資源を依存することによって『極小化した市町村』は都道府県から様々な無理難題を押しつけられることになろう。このような都道府県の『パワハラ』を防ぐには、都道府県に独自の政策意思を持たせてはならない。『極小化した市町村』という少ない人口が都道府県の意思を左右できなければ、結局のところ、都道府県の意思決定は、国によって制約されるという集権制を必要とする。つまり、二層制の柔軟化は、論理必然、三層制の集権化を生む[6]。」

圏域行政の法制化の課題は第32次地制調において審議されたが、圏域行政の法制化に対して全国町村会など地方団体からの批判が出され、答申において「圏域行政」の法制化が見送られた。

第32次地制調答申では、広域連携に関する基本的考え方として、2040年頃の変化・課題や大規模災害・感染症等のリスクに的確に対応し、持続可能な地域の住民の暮らしのためには、地方公共団体が地域の枠を越えて連携し、役割分担を柔軟に見直す視点が重要とした。また、市町村の広域的取り組みに際して、公共私の連携により地域を支える多様な主体の参画を得ることが重要だとした。広域連携は、市町村間の広域連携、都道府県による補完・支援など、多様な手法の中から、最も適したものを市町村が自ら選択することが適当だとした。

以上の答申の記述内容は、2040年頃の変化・課題(「地域の未来予測」の整理)や大規模災害・感染症等のリスクに対応するために広域連携が必要というロジックであるが、2040年頃から逆算した地獄図を提示して自治体関係者を脅す一方、現状分析が不足しており、政権の政策へ無批判に追随している。特に、これまで政権が進めてきた公共部門の縮小、空洞化の影響分析や反省は全くない。また、広域連携における公共私連携と多様な主体の参画については、地方自治・民主主

6 金井利之「府県と市町村の消滅―国・都道府県・市町村の三層制から国と圏域・圏域外府県の二層制へ」ガバナンス2018年9月号。

義の観点からの問題がある。特に利権化と公共部門の空洞化が同時進行するおそれがある。

答申では、広域連携の課題と対応の方向性として、①事務処理の執行段階における広域連携の手法として、資源や専門人材の共同活用は、地方自治法の事務の共同処理の仕組みや、民法上の契約等の更なる活用が期待されるとした。また、窓口関連業務については地方独立行政法人を活用することも考えられ、連携協約の適切な活用も考えられるとした。②事務処理の計画段階における広域連携への着眼として、広域連携の計画段階では、利害調整を伴い、合意形成が容易ではないものも多いが、必要な合意が円滑に形成されることが重要であるとした。また関係市町村の議会が計画段階から積極的に参画することが重要であるとした。③多様な広域連携の取組による生活機能の確保については、連携により生活機能を確保しようとする際に関係市町村に発生する需要に応じ、適切な財政措置を講じる必要があるとした。

以上の答申内容で気になるのは、一つには執行段階における資源や専門人材の共同活用であり、専門人材を通じた市町村行政のコントロールにつながるおそれがあることである。また、計画段階における合意形成が容易ではないが必要な合意が円滑に形成される過程への着目については、自主的・対等で漸進的な自治体間連携への不信が背景にあり、集権的統制への傾斜のおそれがある。さらに、広域連携への財政措置を講じる必要性を強調している点については、財政誘導が強まることによって意思決定が歪むおそれがある[7]。

答申では、定住自立圏・連携中枢都市圏について、現状と特徴として、連携のプラットフォームとして定住自立圏・連携中枢都市圏の形

7　連携中枢都市圏および定住自立圏の構成市町村に対するアンケート調査によれば、メリットとして最も多くの市町村があげたのは交付税措置であった。平岡和久「連携中枢都市圏・定住自立圏の実態と広域連携論」榊原秀訓・岡田知弘・白藤博行編著『「公共私」・「広域」の連携と自治の課題』（自治体研究社、2021 年）

成は、相当程度進捗した段階であるとした。また、個別行政分野の法令に基づく計画の共同作成は、広域連携の取組内容の深化や、法定計画作成の負担軽減に資するとした。次に、市町村間の合意形成に際しての課題への対応として、今後は、施設・インフラ等の資源や専門人材の共同活用、広域的なまちづくりなど、合意形成が容易ではない課題にも積極的に対応し、取組の内容を深化させていくことが必要であるとした。また「地域の未来予測」の整理等を踏まえて議論することを提案した（連携協約等でルール化）。さらに、公共私の連携への対応として、連携計画作成市町村が連携計画を作成する際には、他の市町村の区域の共や私の担い手の十分な参画と議論を経て合意形成を行うことが重要であり、さらには、様々な共や私の担い手からの提案を受けることによって、これらの主体が積極的な役割を果たすことができるようにすることが効果的だとした。また、関係市町村の十分な参画を担保する仕組みについて、連携計画作成市町村が連携計画を作成する際の合意形成過程のルール化や、連携計画の進捗管理を行う際の他の市町村の適切な関与等により、他の市町村の十分な参画を担保する仕組みを法制度として設け、加えて、連携計画に盛り込むべき取組について共や私の担い手からの提案を可能にする仕組みについても、同様に法制度として設けることが考えられるとした。ただし、特に法制度として設けることについては、特定の広域連携の枠組みへ誘導され、市町村の自主性を損なうことなどの懸念があるとして、その是非を含めて、関係者と十分な意見調整を図りつつ検討がなされる必要があるとした。

以上の答申の内容のなかで、団体自治と住民自治の原則から逸脱した「圏域行政」の法制化を継続的な検討課題としていったん見送る形となっていることがポイントではある。ただし、答申内容は全体として「圏域行政」推進論に立っており、法制化論を出していること自体、集権的に推進しなければ行財政の合理化につながるような「圏域行政」の本格的な進展がみられないことを示唆していると考えられる。特に、共や私の担い手からの提案の法制度化といった、地方自治や民主主義に則らない提案まで行っていることは理解に苦しむところである。

定住自立圏・連携中枢都市圏以外の市町村間の広域連携については、共同で「地域の未来予測」を整理することをつうじて合意形成を図ることが提案されている。また、協議組織を設け、役割分担の合意を連携協約により明確化し、または、一部事務組合・広域連合を設けている事例もあり、有用としている。さらに、市町村の求めに応じて、都道府県が助言や調整、支援を行い、さらに協議組織にも参画し、調整役や事務局機能を担う取組も見られると指摘している。また、市町村間の広域連携による都道府県からの事務移譲については、市町村から都道府県に対して、近隣市町村の区域に係る都道府県の事務の委託を要請できる仕組みを法制度として設けることが考えられるとしている。

以上の答申の内容において、まず「地域の未来予測」の共同作成については自主性と自治体間の対等性を確保することが重要であろう。また、都道府県事務の中枢都市・中心市等への委譲の仕組みの法制度化については、「圏域行政」法制化の一種であり、市町村自治への制約となるとともに中枢都市・中心市と関係市町村との関係性の変質につながるおそれがある。

都道府県による市町村の補完・支援の役割の強化については、市町村間の広域連携が困難な場合には、都道府県自ら補完・支援の役割を果たしていくことも必要としている。事務の見直し、行政改革により都道府県の経営資源は縮小しており、幅広く市町村の補完・支援に取り組んでいる状況にはないことを確認する一方、市町村の規模・能力、広域連携の取組の状況に応じて、これまで以上にきめ細やかに補完・

支援を行う役割を果たしていく必要があるとする。そのうえで、市町村の事務代行に加え、都道府県と市町村が一体となって行政サービスを提供する、「協働的な手法」が考えられるとする。また、市町村から都道府県に対して、連携協約に基づく役割分担の協議を要請できるようにする仕組みを法制度として設けることも考えられるとする。

答申で提案された「協働的な手法」の対象は主に任意性の強い事業・サービスであり、市町村自治を尊重した自治体間連携や県による連携・補完・支援が可能である。一方では、定住自立圏・連携中枢都市圏以外の市町村間の広域連携に関する都道府県の役割を強調しており、県と市町村とのパワーのアンバランスを背景に県の政策を市町村に押しつける可能性がある。国・県による財政誘導と県による市町村自治に踏み込んだ「積極的」なスタンスが市町村にとって「脅威」となり、県民・住民との十分な情報共有にもとづく熟議を妨げ、計画案を受け入れざるをえない状況をつくり出してきた側面がないとは言えない。

国が進める地方行財政の合理化において、市町村合併や法定による役割分担による方法以外の手法として「協働的な手法」が位置づけられ、その執行機関として県が役割を担う可能性がある。「協働的な手法」には住民や議会によるコントロールが困難であり、地域の総合性の観点からの検討や住民合意のプロセスの確保をどう図っていくかが課題である。

技術職員の充実による市町村支援・中長期派遣体制の強化については、技術職員について、都道府県や広域連携に取り組む市町村が増員し、平時には不足している市町村を支援するとともに、大規模な自然災害の発生時に必要となる技術職員の中長期派遣要員を確保できるよう、2020年度から財政措置を取るとしている。

都道府県や連携中枢都市等による技術職員の充実による市町村支援・中長期派遣体制の強化については、町村から評価されているが、都道府県等への依存をできるだけ抑制するには、都道府県等からの派遣以外の方策として技術職員の市町村共同設置も追求することが考えられる。

都道府県の区域を越えた広域的な課題への対応については、東京圏においては九都県市首脳会議が設置され、関西圏においては、関西広域連合が設立されていることをあげるとともに、都道府県の区域を越えた連携に当たり、課題への対応に資する場合には、民間団体との連携も図っていく必要があるとする。この点について、答申ではそれ以上の具体的な内容を展開していない。

3　第33次地制調答申が描く自治体間連携・協力の姿

第33次地制調答申における自治体間連携に関する内容は基本的には第32次地制調答申を踏襲したものである。答申では第32次地制調答申以降におけるこの分野の取組状況を以下のように評価している。

「第32次地方制度調査会（平成30年7月～令和2年6月）は、地方行政のあり方について、地方公共団体が住民の暮らしを持続可能な形で支えていくために、新たな技術を基盤として、各主体の持つ情報を共有し、資源を融通し合うこと等により、組織や地域の枠を越えて多様な主体が連携し合うネットワーク型社会を構築していくことを提言している。しかしながら、新型コロナの感染拡大の影響もあり、実際の取組は未だ道半ばである。」

そのうえで、以下のように、デジタル技術を踏まえた自治体間連携を重視するとともに、国と自治体間の連携を重視するものとなっている。

「規模を拡大するための追加的な費用負担が低廉であり、かつ、規模の拡大によって付加価値を高めることが可能になるデジタル技術の性質を踏まえ、地方公共団体間で共通性の高いインフラやアプリケーションを、広域又は全国的に整備して、重複投資を回避しつつ全体的な最適化を図る必要がある。これらのDXの進展を踏まえた情報セキュリティや人材の確保も必要となる。いずれの取組も、個々の地方公共団体において主体的に行うのみならず、地方公共団体相互や国と地方公共団体の間で連携・協力して行うことが求められる。」

実際、基幹業務システムについては、標準化・共通化しながらガバメントクラウドにシフトするのが最も効率的になると考えられ、自治体間連携を通り越して国のシステムに統合する方向性がみてとれる。一方、以下のように、物理的なインフラや物理的空間で行う人による公共サービスなどについては自治体の業務として引き続き重要であるとしながら、自治体間連携を含む多様な主体との連携・協働が重要だとしている。

「保健、福祉、教育、消防等のサービスや、住民が物理的に利用するインフラ・施設等の設置管理など、物理的な空間において対応する業務は引き続き重要である。経営資源が制約される中で、こうした分野においても、持続可能な形で行政サービスを提供し、住民の暮らしを支えていくためには、地方公共団体が、地域や組織の枠を越えて、それぞれの資源を融通し合い、他の地方公共団体や多様な主体と連携・協働していく視点が一層重要になる。」

さらに、以下のように、自治体間連携を含む多様な主体との連携・協働の環境整備に対する国の役割に言及している。

「市町村は、その役割を果たすため、自主的な判断に基づき他の市町村と連携するが、市町村間の連携が困難な場合、都道府県も市町村の求めに応じて補完・支援を行う役割を果たす必要があり、様々な主体との組織や地域の枠を越えた連携の環境整備については国が役割を果たす必要がある。」

この点について、デジタル行財政改革会議の中間まとめ（2023年12月）では、特に子育て・児童福祉分野において「子育て支援制度レジストリ」を整備し、レジストリ情報をオープンデータ化し、民間の子育てアプリと連携可能にすることや、2025年度までに保育施設や自治体の業務システムと連携した全国共同データベースを整備、データ連携に基づく新たな業務を開始すること、さらには保活ワンストップシステムの全国展開を図ることが盛り込まれており、国の役割の発揮において地制調の答申内容を超えて、前のめりに推進されている。それは、自治体業務を国の業務に統合するとともに、民間事業者への委託を促進するものとなっている。

4　資源制約の深刻化論と自治体間での資源の融通、共同利用の推進

資源制約の深刻化と自治体間での資源の融通、共同利用の推進について、第33次地制調答申では以下のように言及している。

連携中枢都市圏・定住自立圏の形成は、「相当程度進捗した段階にあり、広域的な産業政策、観光振興、災害対策など、比較的連携しやすい取組から実績が積み上げられている」とするが、その一方で、「人口構造の変化により、今後は、インフラの老朽化や人手不足といった様々な資源制約の更なる深刻化が予想される」とし、「しかしながら、こうした課題に対応するための連携の取組が十分に進んでいるとは言い難い」と現状を評価している。

連携の取組が十分に進んでいない要因については、「合意形成や利害調整に責任を持つ主体が不明確で、意見の集約や役割分担が困難な場合があること、責任主体が明確であったとしても、合意形成・利害調整に困難を伴うという懸念から連携への取組が進まないこと、実際に連携に取り組もうとしたものの、地域の実情の相違により合意形成・利害調整に苦心することなど、合意形成・利害調整の難しさが指摘されている」としている。

そのうえで、「合意形成が容易ではない課題にも積極的に対応し、取組の内容を深化させていくためには、連携する市町村において将来のビジョンを共有した上で、各市町村が連携事業に積極的に関与し、それぞれの意見を十分に踏まえた丁寧な合意形成を行うことが重要である。特に、連携中枢都市圏・定住自立圏においては、丁寧な合意形成を図るための方策として、市町村の自主性・自立性を尊重することを前提とした上で、例えば、関係市町村間で、連携協約や協定に合意形成過程のルール等を記載しておくことも考えられる」としている。

このような合意形成過程のルール化の提案には、「圏域行政」の法制化を見送ったなかで、自主性を尊重しながら圏域内の役割分担等を合意形成し、行財政合理化を進めることの困難性がみてとれる。

また、都道府県の役割に関して、「都道府県には、引き続き、市町村の自主性・自立性を尊重することを基本とした上で、広域の地方公共団体として、市町村間の広域連携や将来に向けたビジョンの共有が円滑に進められるよう、適切な助言や調整、支援の役割を一層きめ細やかに果たしていくことが求められる」とし、「二層制の柔軟化」や「協働的手法」といった都道府県に市町村自治に踏み込んだ役割を期待するような内容は避けられている。

また、国の役割に関して、「国には、地方公共団体の自主的な連携の取組を適切に支援していくことを前提に、先進事例の収集や取組の横展開などによる連携の促進のほか、各府省による広域連携に関する様々な政策について、府省間での適切な調整と連携を図っていくことが求められる」という一般的な記述に止めている。

さらに、DX を活用した連携についても、「デジタル技術を有効に活用することにより、従来と異なり、非隣接市町村が連携して共通する地域課題の解決等に取り組む事例も広がりを見せており、引き続き、取組を進めていくことが適当である」という記述に止めている。

以上の答申内容は、第32次地制調答申とほぼ同様な内容を含みながら、市町村の自主性への配慮がみられる。また、連携中枢都市圏・定住自立圏の取組では政府が求める合意形成が容易でない分野での取り組みに関してあまり進展がみられない状況を反映しており、答申内容の妥当性とともに実効性についても疑問符がつく。

5　公共施設の集約化・共同利用の推進をめぐって

公共施設の集約化・共同利用の推進について、第33次地制調答申では「各地方公共団体での取組だけでなく、他の地方公共団体と連携して、公共施設の集約化・共同利用や長寿命化に取り組むことが効果的と考えられる」とするが、「広域での集約化・共同利用の取組が十分には進んでいないものと考えられる」と現状を評価している。

そのうえで、「公共施設の集約化・共同利用は、施設の廃止の議論にも踏み込む必要が生じるなど合意形成のハードルが高く、地域を超えて取り組む場合の利害調整には特に困難を伴うため、広域での集約化・共同利用の取組が十分には進んでいないものと考えられる」とし、「円滑な合意形成に向けた取組を通じ、各市町村が、広域的な公共施設の集約化・共同利用にも積極的に取り組むことが期待される」という。

問題はどのようにして合意形成を図っていくかであるが、その点について、「地域によっては、都道府県が調整や事務局機能といった役割を担うことで、市町村間での公共施設の集約化・共同利用に関する議論が円滑に進んでいる事例も見られる。地域の実情や市町村のニーズを踏まえつつ、都道府県には、自らが市町村等と連携して公共施設の集約化・共同利用に取り組むことや、広域自治体としての役割を発揮して、市町村間での合意形成が円滑に進むよう、適切な助言や調整、支援を行うことが期待される」として、都道府県の役割の重要性を指摘している。

国の役割については、「国としても、このように、市町村間の連携や都道府県と市町村との連携を促進しやすい環境を整えるため、適切に支援していくことが期待される」との記述に止めている。

以上の答申内容は、市町村単位での公共施設の集約化を超えて、広域での集約化・共同利用を促進するために都道府県による助言・調整・支援や国の公共施設担当省による支援を提案するものである。

答申では明示していないが、公共施設の広域での集約化はPPP/PFIの活用と合わせて推進されている。PPP/PFIを推進する内閣府民間資金等活用事業推進室がまとめた資料によると、水道、下水道、汚水処理施設、廃棄物関連施設、その他のインフラや公営企業において公共施設の広域化等が取り組まれている（**図表5-1**を参照）。

公共施設の広域化について水道広域化の事例を取り上げておこう。国による水道の広域化への財政誘導として、広域化に伴い必要となる施設整備やシステム共同化等に要する経費について2分の1を一般会計出資債の対象とし、その元利償還金の60%を普通交付税措置する措置がある。都道府県による水道広域化推進プランと合わせて国による財政インセンティブが水道広域化の広がりに大きく影響している。

なかでも「奈良モデル」の一環として位置付けられた県域水道一体化を取り上げる。奈良県が県域水道一体化を進める背景の一つに高度経済成長と人口増を見込んで計画された大滝ダムの建設と水供給能力の増大がある。水需要の減少のなかで県水の供給先の拡大の課題が重視されたのである。県水の供給能力を最大限活かしながら、県域全体の施設に関する建設投資を合理化するためには、県北部のエリアを県域水道一体化エリアとして事業統合を図ることが最も合理的であると判断されたのである。県域水道一体化は県と市町村による一部事務組合としての企業団設立によりスタートした。その際、市町村におけるいくつかの浄水場は廃止された。県域水道一体化は水道に関する市町

図表5－1　公共施設等の広域化・分野間連携に係る主な取組状況

分野	参考資料	担当省
地方行政全般	定住自立圏構想推進要綱（平成20年12月26日制定、令和5年6月21日一部改正）	総務省
	定住自立圏取組事例集（令和5年10月）	総務省
	連携中枢都市圏構想推進要綱（平成26年8月25日制定、令和5年4月21日一部改訂）	総務省
	連携中枢都市圏の主な取組事例（令和5年6月時点）	総務省
	2040年頃から逆算し顕在化する諸課題に対応するために必要な地方行政体制のあり方等に関する答申（令和2年6月26日）	総務省（地方制度調査会）
	ポストコロナの経済社会に対応する地方制度のあり方に関する答申（令和5年12月21日）	総務省（地方制度調査会）
	「地域の未来予測」に基づく広域連携推進要綱（令和4年3月30日（総行市第36号））	総務省
	広域化・共同化等に係る先進・優良事例集（平成28年度から）	内閣府（国と地方のシステムWG）
公営企業	公営企業の経営のあり方に関する研究会報告書（平成29年3月）	総務省
	公営企業の持続可能な経営の確保に向けた先進・優良事例集（令和5年3月）	総務省
水道	水道広域化推進プラン策定マニュアル（平成31年3月）	総務省、厚生労働省
	令和2年度水道事業の統合と施設の再構築、水道基盤強化に向けた優良事例等調査一式（広域連携及び官民連携の推進に関する調査）」（令和3年3月）	厚生労働省
	令和4年度水道の基盤強化に向けた優良事例等調査（広域連携の推進に関する調査）報告書（令和5年3月）	厚生労働省
	水道事業における広域化の更なる推進等について（令和5年4月25日事務連絡）	総務省、厚生労働省
国交省所管インフラ等	総力戦で取り組むべき次世代の「地域インフラ群再生戦略マネジメント」―インフラメンテナンス第2フェーズへ―（令和4年12月）	国土交通省（社会資本整備審議会・交通政策審議会技術分科会技術部会）
	インフラメンテナンスにおける包括的民間委託導入の手引き（令和5年3月）	国土交通省
汚水処理施設	広域化・共同化計画策定マニュアル（改訂版）（令和2年4月）	総務省、農林水産省、国土交通省、環境省
下水道	下水汚泥広域利活用マニュアル（平成31年3月）	国土交通省
	下水道事業における広域化・共同化の事例集（令和5年3月）	国土交通省
廃棄物	し尿処理広域化マニュアル（平成23年3月）	環境省
	持続可能な適正処理の確保に向けたごみ処理の広域化及びごみ処理施設の集約化について（通知）（平成31年3月29日）	環境省

（出所：内閣府民間資金等活用事業推進室第12回事業推進部会資料（2024年1月31日）、https://www8.cao.go.jp/pfi/iinkai/kaisai/jigyou_s/12kai/pdf/iinkai_shiryo_jsb1201.pdf）

村自治の「喪失」や住民自治が十分に機能しないおそれがあることに加えて、地下水を含む自己水源の喪失と長距離導水への依存は地域共同体と水との関係性を希薄化するという問題がある。また、事実上、県に水道の運命を預けることになり、「離脱」、自治の回復がきわめて困難になる。こうした問題から奈良市および葛城市は県域水道一体化に加わらなかったのである。その一方、多くの市町村が県域水道一体化に参加する背景として、水道広域化への国の財政措置に加えて県独自の財政支援が単独のケースと比べて水道料金を抑制することが試算されたことがある。このように財政誘導が意思決定に大きく影響したと考えられる[8]。

下水道に関しては、「経済・財政再生計画」改革工程表（2017改定版）では、2022年度までの広域化を推進するため、関係4省（総務省、農水省、国交省、環境省）で2つの目標を設定した。一つは全ての都道府県における広域化・共同化に関する計画策定であり、もう一つは汚水処理施設の統廃合に取り組む地区数である。これを踏まえ、2018年1月に連名で、全ての都道府県における2022年度までの「広域化・共同化計画」策定を要請した。

水道、下水道、廃棄物処理施設等の公共施設の広域化は、PPP/PFIなどの官民連携と合わせて財政誘導等により強力に推進されている。しかし、行財政合理化に偏した広域化の推進は、サステナブルな社会を目指すための人間と自然との間の物質代謝を含む地域内循環の観点から見直す必要があるかもしれない。

6　専門人材の確保・育成をめぐって

専門人材の確保・育成について、第33次地制調答申では以下のよう

8　平岡和久「水道事業の広域化・一体化を検証する―奈良県の県域水道一体化を事例に」自治と分権第90号（2022年）。

に言及している。

まず、現状認識として、「市町村間での連携や都道府県による補完・支援によって専門人材を確保・育成する取組事例は多くは見られない」とし、「この結果として、とりわけ規模の小さな市町村を中心として、専門人材の配置が困難な状況が生じている」とした。

さらに、今後の予測として、「今後、さらに多くの市町村において、専門人材の確保・育成が課題として顕在化することが見込まれる」とし、「このような状況を踏まえると、市町村がそれぞれ単独で専門人材を確保・育成する取組には限界があると考えられる」とした。

そこで、自治体が「必要な専門人材を自ら確保・育成する努力」に加えて、他の自治体と「連携して確保・育成に取り組む視点も一層重要になる」とした。さらに、「都道府県や規模の大きな都市には、専門人材の確保・育成について課題に直面している市町村と認識を共有し、連携して確保・育成に取り組んでいくことがこれまで以上に期待される」とし、専門人材確保・育成における自治体間連携や都道府県・拠点都市の役割を強調している。

現行の支援制度については、「都道府県等が専門人材を確保し、専門性の高い助言や、職員の派遣等の方法により市町村支援を行う現行の制度」は不十分であるとした。また、市町村においては、技術職員やデジタル人材のみならず、地域の実情を熟知し多様な主体と連携できる人材や、地域や組織の枠を超えて連携の取組を進めることができる人材を確保・育成する視点もますます重要になるとした。

国の役割としては、「既存制度のみでは専門人材の不足に十分に対応できないという市町村側の懸念や、ますます複雑化・多様化する課題に対応できるようなスキルを有する人材の確保・育成のニーズも踏まえ、国は、支援策を検討する必要がある」とした。

以上の答申内容は、専門人材の不足という、とりわけ小規模自治体の現状とニーズに対応する方向性を示したものである。他方で、都道府県等からの専門人材の派遣は、専門人材をつうじた受入れ自治体のコントロールにつながる可能性があり、自治体が政策立案機能等を保持する努力を怠ってはならない。また、第32次地制調査答申で詳細に展開された「地域や組織の枠を超えた連携」とかかわって、民間事業者等の専門人材の広域活用については、民主的正当性や公共性の観点から慎重な検討が求められよう。

7 「地域の未来予測」の作成及び「目指す未来像」の議論をめぐって

「地域の未来予測」の作成及び「目指す未来像」の議論について、第33次地制調答申では以下のように言及している。

まず、「地域の実情に応じた自主的な取組として、『地域の未来予測』を作成することにより、変化・課題の見通しを可視化し、公共私の多様な主体と認識を共有することができる」とその意義を述べ、「『地域の未来予測』は、住民の日常生活の範囲が広域である場合などを考えると、市町村単位に限らず、市町村間で共同して作成することも有用である」とし、共同作成を推奨している。

また、「地域の未来予測」の作成があまり進んでいない要因として、「市町村からは、作成の意義は理解するものの具体のイメージが湧かない、ノウハウや手順が分からないった声が聞かれている」とし、国の役割として「例えば、作成手順や作成により得られる効果をより分かりやすく周知する、実例をデータベース化して横展開を図るといった方法により、国は市町村の主体的な取組をより積極的に支援していくことが必要である」としている。国が財政措置を講じているにもかかわらず、現状では「笛吹けど踊らず」の状況にあるといってよい。

「地域の未来予測」と関わって、人口戦略会議の提言および分析レポートについても取り上げておく。人口戦略会議なる団体が2024年1月に提言を発表した。同会議は民間の個人からなるが、「増田レポート」を出した日本創成会議や地方創生本部と共通したメンバー（副議長に増田寛也氏、実務幹事に山崎史郎・元地方創生総括官）が中心的な役割を担っているとみられる。

人口戦略会議の提言内容は、2100年を視野に、「8000万人国家」を目指すという新たな人口目標設定を中心としたものである。同提言では、まず、このままでは2100年に6300万人に半減し、高齢化率が40％の「年老いた国」になると警告し、政府の「こども未来戦略」を引用しながら、「2030年までがラストチャンス」とした。そのうえで、戦略として、①「定常化戦略」（人口定常化を図る）と、②「強靭化戦略」（質的な強靭化を図る）を提示した。提言の推進体制については、内閣に「人口戦略推進本部（仮称）」を設置し、人口戦略（地方創生や永定住外国人政策を含む）の立案・遂行を統括する司令塔とすることや、政府とは別の、有識者や経済界・労働界のリーダー、地方自治体などが参加する「国民会議」を設置することなどを提言している。

以上の提言に続いて、人口戦略会議は2024年4月24日に分析レポートを発表し、各メディアが一斉に報じた。同レポートでは、「増田レポート」の手法を踏襲するとともに、新たに「封鎖人口の分析」を入れることで、「消滅可能性自治体リスト」と並んで「ブラックホール型自治体リスト」などのリストも公表されており、地域ごとの合計特殊出生率をよりクローズアップさせ、「産めよ、殖やせよ」へと自治体と住民を煽るものとなっている。それは同時に、人口減少対策を自治体の責任のごとく印象付け、国の政策責任を免罪するものである[9]。

9　政府の進める「少子化対策」に対して、神野直彦・東大名誉教授は、「少子化対策」とは「手段としての人間」が不足しているので、それを増加させようというものであり、人間をかけがえのない人間として育てていこうとする政策と異なるので失敗に終わると警告している。神野直彦『財政と民主主義—人間が信頼し合える社会へ』（岩波新書、2024年）。

人口戦略とその推進は、軍拡下で「産めよ、殖やせよ」の官民一体の運動を起こそうというものである。同時に、人口戦略会議の提言やレポートは、「地域の未来予測」の作成の推進と相まって、人口減少の未来の「地獄図」を示すことによって、「あきらめ」のマインドを醸成し、圏域における役割分担による行財政合理化を受入れさせることをねらいとしていると考えるのはあながち穿った見方とは言えないであろう。

おわりに

第32次地制調答申から第33次地制調答申への展開の内容は、政府の政策が自治体間連携・共同化をいっそう推進しながら、同時に自治体間連携・共同化を超えて全国的共同化を推進する状況を反映している。また、地方自治法改正による「補充的指示権」の導入は、その運用いかんでは、個別法の規定がなくとも、緊急事態の際（あるいはそのおそれがある際）、国家的統制による広域化や全国的な共同化・連携を指示することもありうる。これらと重要経済安保情報保護法、土地利用規制法にもとづく防衛施設周辺の規制などの動きと合わせてみれば、戦争体制の整備が進められているという見方ができる。

また、今次の地方自治法「改正」では自治体に業務の効率化を図るために必要であれば他の自治体や国と協力して情報システムの利用の最適化を図るように努めなければならないことが規定されており、自治法改正をテコとして、集権的なデジタル化がいっそう促進されることが予想される。

さらに、地方自治法「改正」において、地域住民の生活サービスの提供に資する活動を行う団体を市町村長が指定できることが規定されているが、都市部では行政の民間化によって、行財政合理化と公務・公共サービスの産業化をいっそう促進することがねらわれ、農村部では地域運営組織等に安上がりに公務・公共サービスを担わせることで、やはり行財政合理化が目指されている。こうした公務・公共サービスの民間化・産業化は広域化・自治体間連携と合わせて推進されるのである。

実際の広域化・国家的集権化を行政民間化と合わせて推進する動きは、第33次地制調答申や地方自治法「改正」を超えて進んでいる面がある。例をあげれば、こども家庭庁はDXによる保育業務の標準化・共同化や保活ワンストップシステムの全国展開を推進している。こうした集権的な行政の標準化・共同化と民間業務委託等の公共サービスの産業化が展開されれば、行財政の超合理化と引き換えに現場でのこどもや住民に寄り添い、ひとりひとりの人権を尊重した公共サービスからの乖離・撤退が進むおそれがある。

最後に、行財政合理化に偏した自治保障なき「圏域行政」や「補充的指示権」の導入による国家的集権制の推進に対して、自主的で対等な関係性を維持した自治体間連携と協働的な「圏域自治」の考え方を提示したい。水谷の提唱する「多元・協働型自治」にもとづく「圏域自治」よって「自治の総量」を高める考え方をとるのか、それとも「圏域行政」という「機能的合併」の要素をもつ「集権・競争型自治」をとるのかが問われている[10]。

（本研究は、JSPS科研費JP19K01479による研究成果の一部を含んでいる。）

参考文献（注の紹介を除く）

・金井利之「分権型社会への遠い途」世界2024年5月号
・金井利之「都道府県と市区町村との協働およびその“効果”」都市問題

10　水谷利亮「小規模自治体と自治体間連携―「圏域行政」と「圏域自治」」日本地方自治学会編『自治の現場と課題』（敬文堂、2020年）。水谷利亮「小規模町村の自治体間連携―『圏域行政』と異なる『圏域自治』とは」全国小さくても輝く自治体フォーラムの会・自治体問題研究所編『住民に身近だからこそ輝く自治の軌跡』（自治体研究社、2024年）。

2017年8月号
・榊原秀訓「第33次地制調と地方自治法『改正』案」住民と自治2024年5月号
・外川伸一「国策2圏域構想の誕生・現在・今後：『基礎自自治体』の創出とその全国的網羅化の試みを中心として」山梨学院大学法学論集第90号（2022年）
・平岡和久・水谷利亮「水道事業と官民連携に関する事例分析」下関市立大学論集第67巻第3号（2023年）
・日本弁護士連合会「第33次地方制度調査会の「ポストコロナの経済社会に対応する地方制度のあり方に関する答申」における大規模な災害等の事態への対応に関する制度の創設等に反対する意見書」（2024年1月18日）
・日本弁護士連合会「地方自治法改正案に反対する会長声明」（日本弁護士連合会　会長・小林元治（2024年3月13日））

第 6 章
公共私連携のあり方

河合克義

はじめに

第 33 次地方制度調査会答申（以下、第 33 次地制調答申）が 2023 年 12 月 21 日に出され、その答申を受けて地方自治法「改正」案が 2024 年 3 月 1 日、国会に提出された。ここでは、答申と地方自治法「改正」案の中で示されている公共私連携の中身を吟味し、その連携の本来のあり方を考えたい。

公共私の関係についての政策と議論は、わが国の場合、1970 年代半ばから展開されており、ここでは、70 年代後半以降の約半世紀に及ぶ公私役割分担に関する議論の系譜を眺め、それを踏まえて、これからの公共私の関係、連携のあり方を考察したい。

1　第 33 次地制調答申と地方自治法「改正」案

(1)　答申に示された「公共私の連携」について

第 33 次地制調答申においては、まず、「地域における共助の仕組みを支える主体間の連携」という項目を掲げ、今後の「人手不足や複雑化する課題に対応するためには、これまで主に行政が担ってきた様々な機能について、コミュニティ組織、NPO、企業といった地域社会の多様な主体が連携・協働し、サービスの提供や課題解決の担い手として、より一層、主体的に関わっていく環境を整備することが必要である」と述べている。

つまり、これまで行政が担ってきた領域において、地域の多様な民間の主体が担い手となるようにすることが必要だとする。そのために市町村が主体的に枠組みを構築するとし、具体的には、次のように述べる。

「地域の課題を共有し、解決していくため、多様な主体が参画し、連携・協働を図りつつ、それぞれの強みを活かした活動を行っていく枠組み（プラットフォーム）を市町村が構築し、その活動を下支えすること」が重要だ、と。そのためには、「法律上も、市町村の判断で、その位置付けを明確にすることができるようにする選択肢を用意して、活動環境を整備していくことが考えられる」という。

さらには、地域での共助の仕組みが基本だとし、市町村が多様な民間主体の参画、連携・協働をしていける枠組み（プラットフォーム）を法律的に用意するとしている。このように、多様な主体の連携・協働という名の「地域での共助」を市町村が推進すると述べている。

⑵ 「地方自治法の一部を改正する法律案の概要」

この答申をうけて、2024 年 3 月 1 日、第 213 回国会に提出された法案の付属資料である「地方自治法の一部を改正する法律案の概要」には、「地域の多様な主体の連携及び協働の推進」として「地域住民の生活サービスの提供に資する活動を行う団体を市町村長が指定できることとし、指定を受けた団体への支援、関連する活動との調整等に係る規定を整備する」とある。

法律案を見ると、市町村は「指定地域共同活動団体制度の創設」を行うことができるとしている。そして「良好な地域社会の維持及び形成に資する地域的な共同活動であって、地域において住民が日常生活を営むために必要な環境の持続的な確保に資するものとして条例で定めるもの」を「特定地域共同活動」と定義している。この「地域共同活動団体」への事務委託は「随意契約」よることができるとし、さらに「特定地域共同活動の用に供するため、行政財産を指定地域共同活動団体に貸し付けることができる」としている。

以上のように、この法律案は、「地域共同活動団体制度の創設」を進め、今後、地域住民の生活サービスについて、行政から地域の活動団体へ事務委託を推進することを宣言しているのである。こうした方向は、生活関連サービスの民間委託をこれまで以上に進めることになるのではないか。改めて行政と民間活動（団体）との関係を考えなければならない。

⑶　問われる公私の関係

「地域での共助」ということが、今回の「地方自治法の一部を改正する法律案」でも強調されているが、ここでも「共助」と行政との関係が問われており、昨今、「共助」に帰結させる表現として「全世代型」という言葉が使われている。

浜岡政好は、「政治的言説としての『自助・共助・公助』論の本質―『モラルとしての自助』と『社会システムとしての自助』の検討を通して」というタイトルの論文でつぎのように述べている。

岸田内閣はこれまでの「全世代型社会保障」政策の看板を少し手直しして使い続けている。確かに安倍・菅政権のアベノミクス型「全世代型社会保障」とは違って、子育て支援の分野での「公助」を一定強化するかの動きを見せているが、同時に高齢期の社会保障分野において「公助」を削減する動きとバランスさせており、全体としてはこれまで同様の「公助」削減・抑制政策を続けている。ここでは、「全世代型」という言葉が「共助」の別の表現として使われているのである。[1]

いま、「自助・共助・公助」という3助論が「自助・互助・共助・公

1　浜岡政好「政治的言説としての『自助・共助・公助』論の本質―『モラルとしての自助』と『社会システムとしての自助』の検討を通して」総合社会福祉研究第54号（総合社会福祉研究所、2023年9月）10頁。

助」という4助論に模様替えされてきている。浜岡政好は、その変化の理由を「増大する高齢者のケアニーズに『共助』＝社会保険制度が応えられなくなってきたから」だと述べている[2]。

社会保険制度と公的サービスの縮小を、互助＝「地域での共助」でカバーさせようという政策が、今回の地方自治法「改正」案にも盛り込まれていると言えよう。

この「自助・互助・共助・公助」という論理を含む政策は、すでに半世紀におよぶ展開がある。その出発点は1973年末のオイルショックであった。当時は「福祉見直し」＝「自助、相互扶助、社会連帯」という用語から出発した。

2 「自助・互助・共助・公助」論の展開過程

(1) 「福祉見直し論」の登場―福祉国家から福祉社会へ

第1次石油危機＝いわゆるオイルショックが勃発した1973年は、「福祉元年」と政府が位置づけ、積極的福祉充実政策が打ち出された年である。例えば老人医療費無料制度（70歳以上）が実施されたのはこの年であった。しかし、経済基調の変化により、社会保障・社会福祉の拡充から制度の見直し＝削減の方向に政策転換がなされた。

1974年6月に、自民党の橋本（登美三郎）幹事長私案「福祉社会憲章案」が発表されているが、そこでは、「社会連帯の観念を社会保障の基礎に置き、相互扶助的な社会保険方式を中心としてこれを社会扶助や各種サービス面の施策で補完する」とし、社会保障・社会福祉における国、自治体、地域社会、個人、さらに企業の役割分担を提唱し、国民への「自助、相互扶助、社会連帯」の押しつけを明言した。この「福祉社会憲章案」では、とくに「個人あるいは地域住民としてのボ

2　浜岡政好「誰が高齢者ケアに責任をもつのか―自助・互助・共助・公助のパラダイム」ゆたかなくらし2024年5月号（時潮社）5頁。

ランタリー・アクションは社会福祉の充実の観点から、高く評価され、助長されなければならない」と強調している。

福祉見直しは、1975年から本格展開をはじめる。当時の政策の考えを明確に示している文書として、1979年8月に刊行された自由民主党研修叢書『日本型福祉社会』というタイトルの本を挙げることができる。この本では、要約すれば、次のようなことを述べていた。

そもそも、国民が福祉を要求することは「日本衰亡」へ導くことになる。英国やスウェーデンのような「福祉国家」は、もはや「理想社会」ではなく、今後日本は独自の「日本型福祉社会」を築かなければならない。そして老人医療無料化や保育所設置などのナショナルミニマムの内容と水準の引き上げは、「医療と家庭の荒廃」「母親が子供を預けて働きに出る『必要』が誘発される。」その結果は「弱者」を「事実上特権をもった強者に転化」し、「多数の貧乏人が少数の金持ちを搾取する」ことになる。それゆえ「憲法二五条で謳われている『健康で文化的な生活』に必要なミニマム」とは「生まれつき例外的にハンディキャップを負っているために人生のゲームに参加できない人や、ゲームの途中で『負傷退場』を余儀なくされた人だけに救済の手をさしのべる」ということで、こうした人以外は「ミゼラブルなミニマム」でなければならない。そのミニマムの水準は「本来99%まで自分で、それも自分の財布と相談して決めるべき問題」である。それゆえ、「ナショナル・ミニマムとかシビル・ミニマムとかの概念は有害無用ではないだろうか。[3]」

さらに、この本の結論部分では次の5つの態度を検討してみることを提言している。

(a)　乞食を見れば、その境遇は本人の堕落のせいだと憤慨し、なぜ働かないのかと説教する。

3　自由民主党研修叢書「日本型福祉社会」（自由民主党、1979年）66～84頁より抜粋。

(b) 黙ってなにがしかの金を与える。

(c) 乞食がいるのは政治の貧困だと憤慨し、その救済を政府に要求する。つまり自分の財布からは金をださないが、納税者全体の財布から金を出させようというわけである。

(d) 国が乞食に金を与えることがわかると、自分も乞食になって国から金をもらおうとする。

(e) もはや自分が乞食だとも思わなくなり、国から金をもらうのは当然の権利だとして、ますます多くを要求する。

日本型福祉社会は(e)に至る「堕落」を排除したものでなければならない[4]。

以上のように、この本では、極端なまでの自己責任の追及を理想とする社会を描いてみせた。

一方、財界は1970年代に入って、日本は「福祉国家」ではなく「福祉社会」を目指すべきだと言い始める。例えば、日本生産性本部が1972年3月に発表した「福祉社会実現への道」では、日本のめざす社会を「福祉国家」ではなく「福祉社会」だとする。とりわけ強調したことは、「共同体（コミュニテイ）理念にもとづく福祉社会」である。「これまでの福祉政策の重点が物質面におかれ、精神的、人間的面での福祉政策への配慮が不十分だったことは否めない。共同体（コミュニティ）理念にもとづく福祉社会の考えは、このような反省の上にたって物質的福祉と同時によりよい環境、高い教育、最適な情報といった目にみえない精神的、人間的側面をも重視する[5]。」

共同体（コミュニティ）理念にもとづく福祉社会の実現のための担い手は、国家ではなく社会の構成員全員であり、その際、経済的保障よりも精神的側面のサービスが重視され、「コミュニティ」の視点の重視

4　前掲（注3）207〜208頁。

5　日本生産性本部「福祉社会実現への道―1972年版労使関係白書」（日本生産性本部、1973年）9〜11頁参照。

を言うことで、住民の役割の強化、相互扶助を強調した。

⑵　地方自治体からの福祉見直し論の展開

1970年代半ばまでは、革新自治体が一定の影響力をもっていたが、福祉見直しの論理として展開されたコミュニティ論や住民の主体的活動育成に関する政策では、保守と革新で差異がない展開をした。むしろ革新自治体でのコミュニティ政策が全体を牽引さえした。

1)　神奈川県「ともしび運動」

長洲一二県政は1975年4月に誕生したが、同年7月、長洲知事は日本生産性本部主催の軽井沢トップマネージメントセミナーで「変革期の自治体と企業―福祉政策のあり方を考える」において「福祉見直し論」を述べた。

「高度成長と物の豊かさが、幸福を保障した歴史段階は終わり」、いまや「低成長の時代」に入った。そして地方財政の悪化にともない「低成長時代の福祉行政のあり方を探求」しなければならない、「日本は長いこと『義務と忍耐の社会』であった。」このごろようやく「権利と要求の社会」になってきた。しかし、低成長下、これからは「たんなる権利と要求だけではなく、やはり市民的連帯で横につながった自治と連帯の社会でなければならないだろう。福祉行政も、高度成長時代とは別のものでなれけばなるまい。…行政の福祉と地域住民のコミュニティの福祉とが、ともに責任を負う必要がある。行政の福祉には同時に限界もある。行政が何でもやることで問題が解決するわけではない。[6]」

革新自治体のリーダー格でもあった長洲知事による福祉見直し発言は、大きな波紋をもたらした。

6　「社会福祉関係資料集　これからの社会福祉施策」（全国社会福祉協議会、1976年）81～88頁（週刊東洋経済1975年6月2日号より収載）。

長洲知事は、前述の「行政の福祉と地域住民のコミュニテイの福祉とが、ともに責任を負う必要がある」という考えにもとづき、具体的施策として「ともしび運動」を展開した。「ともしび運動」とは「県民の思いやりや支えあう心と、行政の福祉活動とが一緒になった新しい福祉社会づくりをすすめてゆく運動だとした。その中心的施策は、神奈川県社会福祉協議会に「神奈川県ボランティア・センター」および「ともしび基金」（県は年2億を出費）を県として設置し、同時に市町村の社会福祉協議会でのボランティア育成を推進した。1978年からは「ともしび運動をすすめる県民会議」も発足させている。ともしび運動とは「一言でいうと『県民の思いやりや支えあう心と、行政の福祉活動とが一緒になって新しい福祉社会づくりをすすめてゆく運動』である」とされている[7]。

このように、財界が展開しようとした「共同体（コミュニティ）理念にもとづく福祉社会」と類似した論理にもとづく政策が神奈川県で展開された。

2） 千葉県「地域ぐるみ福祉」

1976年9月に策定された「千葉県新総合5か年計画」でも、神奈川県同様の地域での住民活動を育成する「地域ぐるみ福祉」という政策が推進された。

次のように解説する。福祉を「いっそう充実させるためには地域住民等の社会奉仕活動への積極的参加によるきめ細かな福祉活動に負うところが大きい。地域社会の連帯感に結ばれたボランティア活動をはじめとする各種の自主的福祉活動を盛り上げて、地域ぐるみの福祉を推進しようとするものである[8]。」

この政策の目玉として「地域ぐるみ福祉活動モデル地区」が約40地

7 「ともしび運動推進関係資料集―ともしび運動のあゆみ」（神奈川県、1980年）26〜27頁参照。
8 「地域ぐるみ福祉推進対策基本要綱」（千葉県社会部、地域ぐるみ福祉関係例規集、1978年）13頁。

区指定された。指定は社会福祉協議会単位になされ、そこでボランティア養成が進められた。この施策の精神がよく示されているものとして、当時話題になった福祉の副読本（『心豊かなまちづくり—地域ぐるみ福祉の話』）において推奨された家庭生活での「ガギグゲゴ運動」を紹介しよう。

「わたしたちの仲間の活動例」としての家庭生活での「ガギグゲゴ運動」

「ガ…がんばろう、ギ…ぎむをはたす、グ…ぐちをいわない、ゲ…げんきでいこう、ゴ…ごくろうさま、朝食をとる前に一家そろって唱えるか、めいめいで心に誓う。そして、今日の目標をどれにするかを決める。夕食の時お互いにその件で話し合ってみたらどうでしょう[9]。」

この福祉の副読本は、「地域ぐるみ福祉活動モデル地区」によっては、例えば君津市のように全戸配布されたところもあった。このような方向の活動では、住民としての自助努力を提唱するものにしかならないのではないか。地域と生活にある問題の社会的背景とか行政の役割を考えることにならないようにするための教育材料と言ってもよい。

⑶　多元化・普遍化から社会保険主義化へ

1980年代に入ると、社会福祉政策は有料化の方向へ向かっていった。その先鞭をつけたものが、1980年12月設立の武蔵野市福祉公社である。当時は、鈴木善幸首相のもと「増税なき財政再建」が言われ、福祉予算の更なる削減の方向が取られていた時期で、1981年からは第二次臨時行政調査会が発足した。

武蔵野福祉公社は、有料の在宅サービスと資産活用制度の2つからなっていたが、公社の事務局経費以外は、サービス利用者の自己負担の制度であり、当時、「買う福祉」ということで注目された。福祉公

9　「心豊かなまちづくり—地域ぐるみ福祉の話」（千葉県、1978年）17頁。

社方式の在宅サービスは、サービス料は利用者負担であり、さらにサービスを担う人が住民自身（「有償ボランティア」とも言われた）であり、行政の財政的負担を伴わない当時の臨調路線の政策にも親和性があるものであった。

福祉公社方式の在宅サービスは、その後、「住民参加型在宅福祉サービス」という名称で、社会福祉協議会を中心に全国に拡がって今日に至っており、住民相互の助け合いのシステムとなっている。

なお、武蔵野福祉公社のもう一つのサービスである資産活用制度は、土地建物を担保に生活費を含めてサービス利用資金を貸すシステムであるが、この新たなサービスシステムが生活保護の資産活用水準の引き下げにつながったことは大きな問題である。民間の新たなサービス開発が、公的制度の水準を引き下げることになったのである。

さて、1980年代は、福祉の将来を考える社会福祉制度「改革」が当時の厚生省レベルで議論された時期である。その議論のとりまとめは、1989年3月の福祉関係3審議会（中央社会福祉審議会、中央児童福祉審議会、身体障害者福祉審議会）合同企画分科会「今後の社会福祉のあり方について（意見具申）」に示されている。

この意見具申では、「所得水準の向上、年金・医療制度の充実により全体として国民生活は向上するとともに平準化」したとされ、生活上の格差はもう過去のものであると宣言された。それを前提に、福祉供給主体の多元化・民間化が政策として展開された。「民間活力」活用に関する財界の諸提案を背景に、1985年、厚生省に「シルバーサービス振興指導室」を設置し、1987年には社団法人シルバーサービス振興会を発足させた。そして1989年5月の老福第102号通知によって、国の制度である家庭奉仕員派遣事業を、1988年9月の通知によるガイドライン（在宅サービスを民間事業者が受託してもよいとする基準）をクリアーしているシルバー産業に委託できるとした。

1990年代に入ると、制度の普遍化すなわち誰でもいつでも利用可能な体制への展開を進めるという政策理念を掲げ、措置制度批判が開始された。それは介護保険制度導入の論理として展開された。

介護保険構想案が最初に示されたのは、1994年9月の社会保障将来像委員会の「第二次報告」においてであったが、制度の基本的考え方は、1994年12月の厚生省「高齢者介護・自立支援システム研究会」の『新たな高齢者介護システムの構築を目指して』において示されたものが採用されている。この文書では、社会福祉である措置制度ではサービスを国民の側が選択できず、行政側が一方的に決定するものであるとし、さらに社会福祉よりも社会保険の方が権利性が高い、それゆえ介護問題への対応を社会保険に切り替えた方が良いとされた。

この考え方をもとに、厚生大臣の諮問機関である老人保健福祉審議会の審議を経て、介護保険法は1997年12月に国会で成立し、2000年4月から制度がスタートした。

ここで問題としなければならないことは、介護サービスの大部分が民間事業者に委ねられたことである。さらには介護保険制度が市場化を許し、社会保障領域に株式配当を認めることとなった。サービスの民間化は、行政による高齢者問題の把握力を低下させることになった。地方自治体の高齢者領域の担当職員は、地域、住民の生活で起こっていることが見えない状態を構造的につくられ、今日に至っている。

他方、2000年6月、社会福祉法第107条で市町村地域福祉計画、同法第108条で都道府県地域福祉支援計画に係る規定が設けられ、2003年4月1日に施行された。それに伴い、社会福祉協議会で策定されていた地域福祉計画は、名称を地域福祉活動計画と変更された。

注意したいことは、地域福祉計画は行政計画であるが、問題は、その計画の中に民間活動のあり方を含めていることである。地域福祉計画の導入によって民間活動の行政への取り込みがすすめられることになった。

なお、2018年4月施行の改正社会福祉法によりそれまで地域福祉計画策定は任意とされていたものが努力義務となった。

3　あるべき公共私連携のあり方―公私役割分担の明確化を

(1)　今日のイデオロギーとしての「自助・互助・共助・公助」、「『我が事・丸ごと』地域共生社会の実現」

2016年7月、塩崎厚生労働大臣を本部長とした『我が事・丸ごと』地域共生社会実現本部が設置された。『我が事・丸ごと』地域共生社会の実現とはどのようなものか。それについて、以下のように説明をしている。

今般、一億総活躍社会づくりが進められる中、福祉分野においても、パラダイムを転換し、福祉は与えるもの、与えられるものといったように、「支えて側」と「受け手側」に分かれるのではなく、地域のあらゆる住民が役割を持ち、支え合いながら、自分らしく活躍できる地域コミュニティを育成し、公的な福祉サービスと協働して助け合いながら暮らすことのできる「地域共生社会」を実現する必要がある。

具体的には、「他人事」になりがりな地域づくりを地域住民が「我が事」として主体的に取り組んでいただく仕組みを作っていくとともに、市町村においては、地域づくりの取組の支援と、公的な福祉サービスへのつなぎを含めた「丸ごと」の総合相談支援の体制整備を進めていく必要がある。また、対象者ごとに整備された「縦割り」の公的福祉サービスも「丸ごと」へと転換していくために、サービスや専門人材の養成課程の改革を進めていく必要がある。

この『我が事・丸ごと』地域共生社会実現本部の設置の3年前の2013年2月20日に開催された全国厚生労働関係部局長会議で「2008年度地域包括ケア研究会報告書」をもとに「自助・互助・共助・公助

の役割分担」について次のように説明している。

まず「地域包括ケアの提供に当たっては、それぞれの地域が持つ「自助・互助・共助・公助」の役割分担を踏まえた上で、自助を基本としながら互助・共助・公助の順で取り組んでいくことが必要」だと言う。そして4つの「助」について次のように説明している。

自助：「自ら働いて、又は自らの年金収入等により、自らの生活を支え、自らの健康は自ら維持」

互助：「インフォーマルな相互扶助。例えば、近隣の助け合いやボランティア等」

共助：「社会保険のような制度化された相互扶助」

公助：「自助・互助・共助では対応できない困窮等の状況に対し、所得や生活水準・家庭状況等の受給要件を定めた上で必要な生活保障を行う社会福祉等」

さらに2012年8月22日に公布された社会保障制度改革推進法の「基本的な考え方」の第2条の一として「自助、共助および公助が最も適切に組み合わされるよう留意しつつ、国民が自立した生活を営むことができるよう、家族相互及び国民相互の助け合いの仕組みを通じてその実現を支援していくこと」と記されている。

また、2020年12月に全世代型社会保障改革の方針を閣議決定し、2021年第204回国会に少子化対策、医療分野の関連法案を提出し、成立させた。この「全世代型社会保障改革」については、次のような説明が記載されている。「人生100年時代の到来を見据えて、「自助・公助・共助」そして「絆」を軸に、お年寄りに加え、子どもたち、子育て世代、さらには現役世代まで広く安心を支えていく全世代型社会保障の構築を目指します[10]。」

このように、いま「自助・互助・共助・公助」の役割分担が言われ

10　https://www.mhlw.go.jp/stf/newpage_21482.html，2024年5月21日閲覧。

ているが、その基本は公私の役割をどのように捉えるかである。

(2) ボランタリー・アクションの位置

公私の役割に関する議論は、日本だけのものではない。イギリスの場合は、とりわけ1800年代の後半期、救貧法（poor law）と慈善組織協会（charity organisation society）やセツルメント運動（social settlement movement）との関係を問う形で議論がなされた。

それらの議論を前提に、シドニー・ウエッブは、1911年に出版した『貧困の予防（The Prevention of Destitution）』という本の中で論じた内容を、1914年に「ボランタリーな慈善活動と国家または自治体の活動との関係についての繰り出し梯子理論」というタイトルの論文にまとめて公表している[11]。

ウエッブは、この論文の最後のところで、「最低限度の生活を維持・実施するための公的責任という確かな基盤の上に、ボランティアや自主的な機関を置くことができない限り、ボランティアや自主的な機関の中に存在する輝かしい発明や献身的な熱意や仕事のすべてを最大限に活用することはできないだろう」と述べている。民間組織の活動は、公的責任の基盤（梯子の基礎）の上に「繰り出した梯子」であること、そうでなければ民間活動の有効性はないと言っている。

また、1942年に社会保障の戦後改革プランである「社会保険と関連サービス（Social Insurace and Allied Services）」いわゆるベヴァリッジ報告をまとめたウィリアム・ヘンリー・ベヴァリッジ（William Henry Beveridge）は、1948年に「ボランタリー・アクション―社会的進歩の方法に関する報告書（Voluntary Action-A Report on Methods of Social Advance）」を出版している。この本の中で、ベヴァリッジは、国家責

11 Sidney Webb, Beatrice Potter Webb, The Privention of Destitution, 1911, Longmans, Green And Co. (Published by Franklin Classics) Sidney Web, The Extension Ladder Theory of the Relation between Voluntary Philanthropy and State or Municipal Action, 1914, The Survey.

任を前提にボランタリー・アクションの役割を述べている。国家責任による生活保障の基礎の上に、民間の諸団体として、相互扶助団体、慈善団体、友愛組合そして労働組合もその中に含めている。ベヴァリッジが労働組合もボランタリー・アクション団体として社会進歩の重要な役割を持つと指摘していることは、注目されてよい[12]。

おわりに

今回の地方自治法「改正」案では、すでに述べたように「地域の多様な主体の連携及び協働の推進」を行うとし、「地域共同活動団体制度」を創設し、今後、地域住民の生活サービスについて、行政から地域の活動団体へ事務委託を推進する方向を示している。

この「地域の多様な主体」をどう見るか。自治体が「地域の多様な主体」に期待して、何ができるのか。筆者は、今回の提案されている「地域共同活動団体制度」では、すでに述べた福祉見直し論としての地域福祉に見られるように、自助・共助の強要をもたらすものでしかないと考えている。そして住民活動の力量の地域差を考えると、限られた都市部でしかこの制度は機能しないのではないか。1980年12月に設立された武蔵野市福祉公社方式のサービス供給システム、その後の「住民参加型在宅福祉サービス」の担い手は、都市部を中心に確保されている状況を考えなければならない。地方の農山村地域では、高齢化が進み、社会的活動を担う主体が少なくなっているのである。

結局、「地域共同活動団体制度」は、イデオロギーとして国民への自助・共助の強要にしかならないのではないか。ただ、市町村が、今後、財源を確保し、地域の活動団体への業務の民間委託を進めるとすると、一定程度の進展はみられるかもしれない。しかし、一番の問題は、行

12　Lord Beveridge, Voluntary Action-A Report on Methods of Social Advance, 1948（2015年にRoutledgeから復刻された）pp.291～304.

政のミニマム水準との緊張関係のない地域共同活動の展開では、人間の尊厳にかかわる課題が無視されることになることである。ウエッブが述べたように、国・地方自治体によるミニマム保障の上に民間活動が位置づけられること、またベヴァリッジが言ったように、国家責任を前提にしたボランタリー・アクションの社会的貢献の意義を、現代日本において改めて考えなければならない。

参考文献

・河合克義編著『福祉論研究の地平―論点と再構築』(法律文化社、2012年)。
・浜岡政好・唐鎌直義・河合克義編著『「健康で文化的な生活」をすべての人に―憲法25条の探求』(自治体研究社、2022年)
・労働総研クオータリー No.126号・特集高齢期の生活保障(労働運動総合研究所、2023年)
・総合社会福祉研究第54号・特集社会保障の保険主義化と生活保障の課題(総合社会福祉研究所、2023年)
・金子光一「公私関係論に関する史的研究(Ⅰ)」東洋大学社会学部紀要第44-2号、(2007年)

第Ⅳ部
地方自治の未来像

第７章
地方自治の未来像

榊原秀訓

はじめに

本書のはしがきでも触れられているように、現在の地方自治の現状や地方自治の未来像を考えるには、第33次地制調の答申を検討するだけでは十分ではなく、それ以前の第32次地制調答申[1]や地制調以外の政策も検討する必要がある。また、晴山が、「国家の民主化と自治体の民主化の相互補完性」が重要であるとして、「『自治体の民主化＝変革』は『国家の民主化＝変革』と並行的・相乗的に進められるべき課題」であると指摘するように[2]、国における民主主義についても一定程度検討する必要がある。

そこで、本章では、他の章で検討されている論点には簡単に触れるにとどめ、まず、地方自治に限定されない民主主義、立憲主義や法治主義のあり方に触れつつ、地方自治の内容としての団体自治や住民自治を理解する。次に、国の政策形成一般に触れた後、地制調を含む現在の政策形成における特徴を確認し、独自の政策を展開しようとしている自治体にも目を向ける。そして、第33次地制調が統一地方選挙の前に検討した地方議会等の住民自治について検討し、最後に、首長と公務員、さらには行政の公共性の現状や改革課題を確認したい。このように、地制調の答申が直接的には触れていないが、その背景や前提

1　第32次地制調答申については、榊原秀訓・岡田知弘・白藤博行編著『「公共私」・「広域」の連携と自治の課題』（自治体研究社、2021年）参照。

2　晴山一穂「真の地方自治の実現に向けて」榊原秀訓・本多滝夫編著『地方自治をめぐる規範的秩序の生成と発展』（日本評論社、2024年）19頁～24頁参照。

を含めて検討することによって、地方自治の未来像をある程度具体的に示したいと考えている。

1　重要な価値・理念の現在地

⑴　民主主義と立憲主義・法治主義

1）　民主主義

まず、国レベルを含めて、民主主義の現状を確認したい。民主主義を単純に「多数決」によって、政治・政策を決定するものと理解すると、数年に一回の選挙で政治・政策を決めれば良いとか、選挙で選ばれた代表者に政治を白紙委任的に委ねれば足りるということになりかねない。「選挙独裁（選挙による独裁)」と称される考え方は、このようなものと思われる[3]。地方自治との関係では、国が自治体の意見を聞かず、自治体の代表者が住民の意見を無視することに問題を感じないことに通じる。

国レベルでは、安倍首相を大統領（制）的首相として位置付ける議論も出されていた。また、大阪（府・市)、名古屋市や東京都など、幾つかの自治体の首長の手法がポピュリズムとして議論されてきた[4]。権威主義国家における「選挙独裁」と民主主義国家における「ポピュリズム」は、似通ったものと論じられ[5]、日本においては、ポピュリズムと大統領（制）的首相の両者が共鳴して政治が展開されてきたように思われる。ポピュリズムに関して指摘された、社会の多元主義的・複数主義的側面が要求する交渉や妥協に理解を示さないこと、二者択一

3　「1)」の部分については、一般的に、榊原秀訓「改憲・国家改造と民主主義」同『行政裁量と行政的正義』（日本評論社、2023年）358頁～361頁参照。注については、紙面の制約から基本的に省略し、その論文で触れていないもののみ明記した。

4　最近の大阪維新に関するものとして、「特集　維新の政治『改革の幻惑』」世界954号（2022年)、「特集　『維新』とは何か」法と民主主義567号（2022年)、「特集　大阪とデモクラシー」世界975号（2023年)、名古屋市に関するものとして、愛敬浩二「『表現の不自由展・その後』のその後」憲法問題35号（2024年）139頁～149頁参照。

5　「特集　独裁は選挙から生まれる」中央公論138巻1号（2024年）18頁～73頁。

の論理、問題の単純化を好むこと、社会的少数者、自由・人権を尊重しないこと、歪んだ意志の表明として現状の統治機構を信頼せず、法治主義・立憲主義を重視しないという深刻な問題点が、これらでかなり共通してみられる。

こういった状況に対抗するために、左派ポピュリズムに注目する考えがある。これは、「ポスト・デモクラシーに対抗する多様な民主的闘争をつなぎ合わせ、『人民』の構築をめざす」もので、「立憲主義的な自由—民主主義的枠組みの内部で、新しいヘゲモニー秩序を打ち立てることを求める」とか、「リベラルな国家の構成原理—権力の分立、普通選挙権、多党制、そして市民権の枠組み」を「擁護し、根源化する」ものとされる。また、カウンター・デモクラシーに注目する考えもある。例えば、「拒否や批判など不信を示すことそれ自体」がカウンター・デモクラシーとし、「それは民主主義に反するものではなく補強するもの」として、「特定の実践が議会制民主主義によって示された『民意』への対抗物、つまりカウンターとして現れ、かつ、それ自体がひとつの『民意』として表出される場合」に、それはカウンター・デモクラシーとして機能したものとする。国会内部とその外における民主主義といった民主主義の複数の回路に注目するものと考えられる。さらに、公共政策の決定・法律制定・国民の代表者に対するコントロールに対して持続的に発言できる市民や、憲法裁判を必須の要素として組み込んだ民主主義論を説く主張もある[6]。

そして、民主主義自体の理解を「多数決」から、「熟議」であるとか「討議」という別の価値も重視するものへと変え、代表者と有権者のギャップを埋めるために、住民投票、参加制度を重視しなければならない。また、自治体が置かれた状況も多様なものであり、自治体内部における住民が置かれた状況も多様であって、政策においても多様

6　ドミニク・ルソー著、山元一監訳『憲法とラディカルな民主主義』（日本評論社、2021年）。

性が認められなければならない。さらに、民主主義的価値と結び付いた、決定の前提となる透明性・情報公開や、特定の政策の採用・不採用等について説明責任を核とするアカウンタビリティも、旧統一教会や裏金問題の実態、少子化対策や防衛政策にかかわる財源が示されないなどの問題に照らし、実際に確保されなければならない。

2) 立憲主義と法治主義

次に、立憲主義や法治主義の考えも重要である。三権分立や地方自治は、国の権力集中防止にとって必要である。国の内部においても、一定の独立性・自立性を有する組織に期待がかけられる。もっとも、安倍政権においては、安保法制などで、法律制定や閣議決定による解釈変更で、憲法の限界を超えた。また、安倍・菅政権下の人事では、一定の独立性が要求されるポストに従来の慣例とは異なる人事が行われ、他方で、任命すべきものを拒否する対応も行われ、各省幹部公務員の任命が「能力主義」（資格任用）ではなく、「政治（的）任用」へ接近した。自治体においても、大阪維新の下では、制度的背景は異なるが、「政治（的）任用」へ接近した公務員任用も行われている。市橋は、新型コロナウイルス感染症や行政のデジタル化との関係で、行政法が法治主義から解放され、分権型行政から集権型行政へのパラダイム・シフトが起こっていることを述べる[7]。

さらに、法治主義では、法律によって行政を縛る範囲がそもそも妥当かという根本的な問題がある。例えば、安倍元首相の国葬では[8]、法律の根拠なく、国葬を行うことが可能か問われたが、一方的に（権力的に）権利を制限し、義務を課す行為には法律の根拠が必要であるが、それ以外には必要がないとされたわけである。また、国会に諮らず閣議決定で重要な政策を変更することは、例えば、次期戦闘機の輸出にお

7　市橋克哉「複合危機の中の法治主義と地方自治」榊原・本多編著・前掲注（2）26頁～30頁参照。

8　「特集『安倍国葬』を総括する」法と民主主義574号（2022年）参照。

いても行われている。新型コロナウイルス感染症対策においては、現行法を無視し、閣議決定もなく、安倍首相が学校の一斉休校を求めた[9]。

⑵　団体自治と住民自治

地方分権改革は、主に団体自治にかかわる政策であり、機関委任事務の廃止のように、団体自治の観点から積極的に評価できる改革もある。他方で、市町村合併による規模拡大をみると、行政サービス提供能力は向上するとしても、代表者の数、住民と代表者との近さ、住民の参加のしやすさといった住民自治との関係では、消極的な影響が大きい。行政サービス提供能力との関係で主張された「総合行政主体」も、その根拠としての「補完性原理」とのつながりは国際的に一般的なものではなかった。市町村合併後には、人口減少が強調され、早くも連携が強調されるようになった。

人口減少に対して、総務省によって展開されたのが、自治体戦略2040構想である（特に、『自治体戦略2040構想研究会第二次報告』（2018年７月））。そこでは、「個別最適」ではなく、「全体最適」が強調され、自治体間の連携、公共私の連携やAI技術の活用が重視された。特に、「圏域単位での行政をスタンダードに」し、「都道府県・市町村の二層制を柔軟化」するという主張が注目され、行政サービス提供の文脈ではあるが、団体自治はほとんどその役割を終えるとする主張すらみられた。地方行政のデジタル化も、この延長線上にあり、「全体最適」を求める地方行政のデジタル化を梃子として、各自治体の自治を尊重せず、いっそうの画一的な行政を展開するものである[10]。

9　市橋克哉「行政権の転形と法治主義」本多滝夫・豊島明子・稲葉一将編『転形期における行政と法の支配の省察』（法律文化社、2021年）6頁～8頁。

10　人口減少により消滅自治体が増加するとされるが、それは、人口減少に対する国の政策が、その原因に適切に対処していないことを示すものともなっている「特集　最新版消滅する市町村744全リスト」中央公論138巻6号（2024年）。

国による自治体への関与法制にも触れておく。個別の事件としては、辺野古米軍新基地建設がある。金井は、法令を国が制定できる以上、自治体は勝てない（仮に自治体に有利な法令であれば、国は改正する）と指摘して、「法的権力（法力）」という用語を使う[11]。もっとも、法令以上に、裁判所により大きな問題がある[12]。他方、第33次地制調答申が提案したいわゆる「補充的指示権」は、金井が批判する通りのものと考えられる。地制調の委員でもあった牧原は、コロナ禍において安倍元首相が一斉休校を「指示」したことについて法律に基づかないものとして問題視するものの、法的根拠を与えることで解決できるとする[13]。しかし、要件の抽象度も高く、むしろ恣意的な政治的判断を法律に基づくものとして正当化するにとどまる危険性の方が大きい。

地方自治の未来象にかかわって、白藤は、国・自治体間の対等関係の具体化としての「自治契約」関係を構想し、また、住民自治にかかわって、「『主権者自治』を確立するために、住民が自治体政治・行政に参加・共働できる仕組みを創り上げる『主権者自治改革』が不可欠である」とする[14]。また、晴山は、今後のあるべき地方自治の姿として、「地域自治体から自由と市民権を守るために生まれた運動」としての岸本の「ミュニシパリズム論」に注目し、また、先に触れたように、単に自治体の民主化だけではなく、「国家と民主化と自治体の民主化の相

11　金井利之「分権型社会への遠い途」世界981号（2024年）65頁。

12　白藤博行「『逆分権化』の徴候と『地方自治をめぐる新しい規範的秩序の生成と発展』」、同「辺野古埋立不承認に関する国交大臣の『裁決的関与』と『勧告』・『是正の指示』」榊原・本多編著・前掲注（2）333頁～334頁、335頁～365頁等参照。総務省の吉川は、地方分権改革が目指したものとして国と地方を「対等・協力」の関係にすることをあげつつ、分権改革の20年を振り返って「対等」が意識されすぎ、国も地方も「協力」を忘れがちであったことを述べるが（吉川浩民「協調と連携の国・地方関係へ―コロナ禍とデジタル化を踏まえて」地方自治890号（2022年）15頁）、これは「対等」を消極的に評価した「協力」であって、結局は、自治体が国に「協力」することを求めるもののように思われる。

13　2024年5月18日朝日新聞耕論。

14　白藤・前掲注（12）「『逆分権化』の徴候と『地方自治をめぐる新しい規範的秩序の生成と発展』」318頁～324頁参照。

互補完性」が重要とする[15]。

自治体における地方自治の基本的な制度として注目すべきは、基本原則、議会や首長の役割、住民参加等を規定する自治基本条例である。この自治基本条例の制定状況を確認してみると、公共政策研究所の調査では、2023 年 10 月 1 日現在、409 自治体で制定されているようであり、20% 強の自治体で制定されていることになる。

2　政策形成の変容

(1)　政治主導の政策形成

次に、安倍・菅政権下では、官邸主導やニュー・パブリック・マネジメント（New Public Management＝NPM）手法の影響から PDCA サイクルによる国会軽視での政策形成への変化がみられた。首相などの政権中枢の意向が強く反映されるトップダウン型の仕組みである「政策会議（御前会議）」と呼ばれる会議において[16]、基本計画が策定され、それが閣議決定され、重要業績評価指標（Key Performance Indicator＝KPI）による評価がなされる。そして、政策会議で必要な法律が検討され、法案の点検や事後に法律の効果の点検がなされる。先にも触れたが、透明性・情報公開・説明責任が限定され、官僚や政治家による虚偽の説明や腐敗すら生じた。

岸田政権下でも、政治主導の政策形成は継続していると思われ、エビデンスや検証なき政策形成、閣議決定による解釈改憲（壊憲）[17]、国会審議を回避する姿勢は、それ以前と変化がない。岸田政権は、当初、人の話を聞く力を強調していたが、実際には、意見を聞く気がない。エ

15　晴山・前掲注（2）19 頁～24 頁参照。晴山が注目する「ミュニシパリズム論」は、岸本聡子『地域主権という希望』（大月書店、2023 年）41 頁～100 頁。
16　野中尚人・青木遙『政策会議と討論なき国会』（朝日新聞出版、2016 年）104 頁、108 頁。
17　愛敬浩二「岸田政権下の『改憲／壊憲』にどう向き合うべきか」前衛 1026 号（2023 年）63 頁～75 頁。

ネルギー政策の転換においても、民主党政権におけるようなパブリックコメント、意見聴取会と討論型（討議型）世論調査という複数の参加制度を組み合わせる手法は採用されていない。近年では、環境省による水俣病被害者からの意見を聞く機会でのマイクオフの対応、その後の（形ばかりの）大臣の謝罪もみられる。

⑵ 地方自治に関する政策形成

1） 地方制度調査会

次に、地方自治にかかわっては、地方制度調査会における政策形成について検討が必要である。その理由の一つは、総務省の研究会が地制調に先行するばかりではなく、行政のデジタル化のように、地制調以外の組織が重要事項を決定し、地制調は、その中の地方行政にかかわる部分を担当することに役割が限定されていると考えられ、地制調が地方自治に関する重要事項を審議する場となっていないからである。また、先に示した政治主導の国の政策形成のように、大枠が政治的に決定され、その枠内において議論がなされることから、限定された論点や字句の修正にとどまっているように思われるからである。特に、連続して地制調のメンバーとなっている、その意味でコアメンバーにはその傾向が強いようにも感じられる。このように考えると、地制調がこれまでのように地方自治に関する基本的事項の方向性を決めることの妥当性が問われる。

これと関連する考えが今井によってなされている[18]。近年の傾向として、「経済財政諮問会議が地制調に課題を与え、地制調がそれに答えるという構図」を指摘し、「国政課題としてのテーマが国政（経済財政諮問会議など）から与えられて、同時に併走する総務省に置かれた研究

18　今井照「地方制度調査会の論点―21次～32次を中心として」自治総研522号（2022年）41頁～84頁。

会などの成果を結びつけつつ、国政に応えていくという流れが近年では顕著」としている。そして、「地制調の存在意義が国政によってオーソライズされていると見ることもできるし、タテ関係が形成されていると考えることもできる。いずれにしても第33次地制調は国政によって役割を与えられることとなった」としているが、第33次地制調では、「タテ関係」が前面に出ていると思われる。また、堀内は、地制調の研究者委員について、「たびたび反対のニュアンスで論じながらも、事務局側の前のめりの姿勢を前にすると、制度化するのであればこのような書き方では問題があるのではないか、といった論法を用い、結局のところ制度化実現の知恵袋として機能した印象がある」と指摘している[19]。地制調の人選とともに、限定された批判では意味がないと考えれば、地制調の存続自体が議論の対象になる。

2)　自治体の国政参加と独自の道を模索する自治体

この点にも関連して、「地方公共団体による国政参加」についての市橋の指摘は重要である[20]。「地方公共団体は、実際には国と対抗し交渉できるだけの権力をもたず、協働する意思決定者の役割を果たすというよりは、『現場』の情報提供者としての役割を果たすという薄っぺらな民主的熟議による国政参加に行き着く」として、「国政参加のプロセスの中に積極的な論争と審議を構造化し、参加のプロセスに多様性だけでなく交渉力を制度的に組み込むこと」が必要であると指摘するわけである。

最後に、国とは異なる独自の政策を展開してきた自治体をみる。歴史的には、いわゆる革新自治体がある。現在では、一方で、ポピュリズム的手法をとる自治体があり、革新自治体とは異なり、大阪維新のように、保守的な内容を有するものがある。しかし、それ以外にも国

19　堀内匠「第33次地方制度調査会『ポストコロナの経済社会に対応する地方制度のあり方に関する答申（令和5年12月21日）』を読む」自治総研547号（2024年）78頁。

20　市橋・前掲注（7）41頁注（37）。

とは異なる政策を採用する自治体は広く存在する。例えば、自治体自身の新型コロナウイルス対策において、政府の方針とは異なる対応を選択する自治体の存在である[21]。また、新型コロナウイルスに対する対策でも独自の政策を展開した保坂世田谷区長は、漸進的に改革を進めるということで、毎年、全体の5% ずつの改革を目指しているようである[22]。先に触れた「補充的指示権」のように、国が指示をすれば万事解決ということではなく、現実に行政に携わる自治体こそが、不合理な行政を改善し、実態に即した解決ができることを示している。

3　地方議会と住民自治

(1)　地方議会

1)　地方議会議員の役割と議員定数

日本国憲法は、首長と議会を構成する議員の公選制を規定し、首長と地方議会の緊張関係を前提としているいわゆる二元代表制を採用している。議会基本条例も、二元代表制に基づくものであることや首長と議会が緊張関係に立つことを明らかにする規定を置いている。この議会基本条例は、公共政策研究所の調査では、2023 年 10 月 1 日現在、1012 の自治体で施行されているとされる。また、自治体議会改革フォーラムの調査では、2022 年 12 月 25 日で、965 自治体となっている。いずれにしても半数以上の自治体で、議会基本条例が制定されていることがわかる。国の議院内閣制と類似の議会内閣制や、自治体戦略 2040 構想に結び付いた議会モデルとは異なり[23]、二元代表制と結び付いた議

21　市橋克哉「分権型行政から集権型行政への転形と法治主義および地方自治の危機―コロナ対応から考える」市橋克哉・榊原秀訓・塚田哲之・植松健一『コロナ対応にみる法と民主主義―Pandemocracy［パンデミック下のデモクラシー］の諸相』（自治体研究社、2022 年）115 頁～120 頁参照。

22　保坂展人『国より先に、やりました』（東京新聞、2024 年）。

23　榊原秀訓「町村議会のあり方研究会報告と 2040 議会」住民と自治 672 号（2019 年）28 頁～32 頁参照。

会基本条例を念頭に検討を行う。

首長と地方議会の関係を考えてみると、一般的に独任制の首長は意思形成が容易で一貫した政治指導を積極的に展開しやすく、「統合機能」に優れているのに対し、合議制の地方議会は、住民の多様な意見を反映するとともに、審議過程で争点を明確にする「代表機能」に優れているとされる。通常、多数の議員定数を支持する議論は、民主主義的価値に基づく、このような多様性を保障することを重視するものである。公選の合議制機関である議会には、住民の多様性を反映できるに相応しい定数を有するべきであり、構成の点で地方議会を社会の「縮図」にすべきことが期待される[24]。

第33次地制調の「多様な人材が参画し住民に開かれた地方議会の実現に向けた対応方策に関する答申」も、「多様な人材の参画」を述べている[25]。他方で、地方議会の実態としては、多様性を欠いており、同答申も、議会の議員の構成が、住民の構成と比較して、「多様性を欠く状況が続いている」ことを述べる。男女比では、女性の割合が低く、特に都道府県議会と町村議会のレベルにおいては、女性の比率が低い。2023年統一地方選挙によって、過去最多となったものの、議会に占める女性の割合は、市議会で22.0%（政令指定都市議会（23.6%）、特別区議会（36.8%）を除く)、町村議会で15.4%、都道府県議会で14.0%である。都道府県議会は、選挙区に分かれていることから、選挙区の定員が少ない場合（1人区)、多様性を確保し難いという問題があり、選挙制度を改革しないと多様性を確保することは困難である。また、高齢者が多い構成で、投票率も長期的に低下し、さらに、選挙自体が行

24　議員定数に関する部分を含め、榊原秀訓「芦屋市議会の議員定数に関する意見書」南山法学39巻1号（2015年）169頁～180頁、同「東海三県における県議会の議員定数と選挙区」南山法学46巻3・4号（2023年）323頁～360頁参照。

25　この答申につき、榊原秀訓「地方議会の改革課題を考える―第33次地制調答申にも触れて」季刊自治と分権91号（2023年）74頁～83頁。

われず、無投票当選である議員の比率も高く、議員定数に満たない議員しかいない地方議会があるという問題点もある。

多様性確保のために重要と考えられる議員定数は、1980年代の地方行革以降、現在でも削減が継続している。削減の根拠に説得的なものはないと考えられ、人口減から議員定数削減が提案される場合も、これまで、人口比例で議員定数を定めていなかったのに、何故現在だけそのように考えるのか不明である。地方議会で議員定数削減が行われている一つの理由として、国会議員を含む政治家の問題行動が政治不信を招いていることがある[26]。最近では、いわゆる裏金問題にもかかわらず説明がなされず、責任も取らないことに対する不信が地方議会にも影響を与えていると推測される。個別の自治体においては、特に、ポピュリスト首長がいる自治体、大阪市（81人から70人）や名古屋市（75人から68人）での削減の大きさが目につく。

2） 議会独自の活動

議会の独自の政策として、意義が乏しいにとどまらず、有害ですらある条例制定もある。例えば、住民からの批判を受けて提案が撤回されたものに、埼玉県の虐待禁止条例改正案（子どもの放置禁止）がある。子どもの放置について、事前に住民の意見を聴く必要があるのにもかかわらず、それが十分には行われていないことが一つの要因であろう。条例を制定しても、機能しないこともあり、例えば、議会基本条例を制定して、議会改革のポーズをとっても、全く実態が伴わないものもある。

また、地方議会内部における多数派による少数派の弾圧も継続している。奈良県香芝市議会における出席停止処分などはその例であり、懲罰でなくても、オンブズマン活動をする議員に対して、辞職勧告決

26　大山礼子『政治を再建する、いくつかの方法』（日本経済新聞出版社、2018年）100頁～103頁、113頁。

議を行った愛知県弥富市議会などもある。地方議会によってはみられる質問の制限も、少数派による質問権を制限しようとするものであり、およそ議会活動の趣旨には適合しない対応が依然として存在している。これらのことは、議員となるインセンティブを大きく損なうものともなっている。

さらに、コロナが一段落した後、高額の海外視察のように、問題行動の「復活」もみられる。行政改善のために視察は重要であるが、オンラインでの視察も考えられる。しかし、例えば、2023年度で[27]、福岡県では総額7999万円（1人あたり163万円）、愛知県では7464万円（233万円）、名古屋市では1805万円（201万円）と高額の費用が支出されており、成果が明確ではないと費用対効果のバランスが取れず、やはり政治（政治家）不信へと結び付く。他方、近年における任期満了前の議会の自主解散の動向は、費用削減を理由としたものであるが、自主解散の法制度の趣旨には適合しない。

(2)　地方議会、首長と住民

1)　地方議会と首長—専決処分

見直しが必要と考えられる万博等の大規模イベントや神宮外苑の再開発等を止められないなど、議会による行政統制が十分できていない事例も目に付くが、首長との関係では、最重要と考えられる専決処分に触れておく。かつて、阿久根市において市長による専決処分が話題となったが、コロナ対策との関係で専決処分が多用され、東京都のように、コロナ対策のための条例を議会が専決処分で制定するといった事例すらあった。2020年をピークにして専決処分の増加がみられるが、それと同時に臨時会の増加もみられる[28]。特定の自治体をみると、原則

27　朝日新聞デジタル2024年4月15日「地方議会の海外視察が復活傾向　昨年度は408議員、費用4.5億円」。

28　榊原秀訓「コロナ下の地方議会と条例」市橋ほか・前掲注（21）75頁～79頁。

として臨時会で対応している自治体と、専決処分を多用していると思われる自治体に分かれる。地方議会の中には、地方自治法180条1項の規定に基づき、市長が専決処分することができる事項をかなり限定している自治体がある。議論をして対応を考える地方議会と、首長に対応を委ねる地方議会があるわけで、コロナ対策に限定されない重要な課題であり、本来、議会が安易な専決処分の活用を認めず、自ら考えて行動することが求められている。

2) 住民参加制度と住民投票

住民自治としては、真っ先に検討されるべきことかもしれないが、最後に、住民参加制度と住民投票に触れておきたい。従来、住民参加としては、行政への参加が議論されてきたが、議会への参加も、とりわけ議会基本条例などとの関係で語られ、制度化されてきた。それらは、地制調答申の中でも紹介されているが、議会基本条例で有名となった議会報告会にだけ一言述べる。議会報告会として、過去の議会活動を住民に報告するにとどまると、一定の政策の実現を希望する住民の意向とは適合しないことになる。そのため、単に報告するのではなく、住民から意見を聴き、政策へと結び付けることが重視されているといった状況があると考えられる。

また、行政への参加としても、法令や条例などに規定されていない非制度的なものから、これらに基づく制度的なものも存在するが、住民間の討議をより重視する討議型の参加制度も行われてきており[29]、多様な参加制度をどう使うか、それぞれの自治体で問われるものとなっている。住民参加制度の種類によっては、単独で用いるのではなく、複数のものを組み合わせることが必要である。国レベルのことであるが、

29 比較的最近の国際的なものとして、OECD（経済協力開発機構）Open Government Unit著、日本ミニ・パブリックス研究フォーラム訳『世界に学ぶミニ・パブリックス』（学芸出版社、2023年）。日本も含めたものとして、長野基「広がる『ミニ・パブリックス』―世界における潮流と日本の動向」都市問題115巻1号（2024年）10頁～18頁。

例えば、民主党政権下におけるエネルギー政策の転換は、先に説明した複数の参加制度を使って行われた。これに対して、岸田政権において、それを見直した原発推進政策の復活は、このような複数の参加制度を活用しておらず、政策形成手続において、極めて対照的なものであって、内容的な信頼度にも影響を与えていると考えられる。

様々な参加制度が実験的に導入され、「くじ引き民主主義」として、選挙を選挙以外の参加制度で代替するかのような主張もないわけではない[30]。直接民主主義による代替として、住民投票があげられる場合もある。いわゆる日進市のような常設型の住民投票の場合には、議会が住民投票を妨げるといった段階が組み込まれていないことが普通であるが、直接請求に基づく住民投票の提案の場合、豊橋市のように、議会がそれを阻むことが少なくなく、結果として、議会が「民主主義」を実現するのではなく、「民主主義の敵」として立ち現れるようにもみえる。さらに、現在、「データの変換」を民主主義とする、無意識民主主義（いわばAI民主主義）という主張がなされている[31]。決定はAIが行うことから、選挙や議員を不要とする議論である。AI民主主義では、討議は求められず、代表者だけではなく、住民参加も必要ではないものとなっているようにすら思われ、実質的には民主主義不要論とすら考えられる[32]。

最初にみた民主主義の考え方からすれば、選挙や議会のみによる民主主義ではなく、それらの改革とともに、新しい制度も含む住民参加制度を積極的に活用していくことが住民自治の実現にとって必要である。

30　吉田徹『くじ引き民主主義』（光文社新書、2021年）、藤井達夫『代表制民主主義はなぜ失敗したのか』（集英社新書、2021年）等参照。
31　成田悠輔『22世紀の民主主義』（SB新書、2022年）。
32　榊原・前掲注（25）82頁～83頁。

4　首長・地方公務員と自治体行政の公共性

(1)　首長と地方公務員

1)　強権的首長と職員

ポピュリスト首長は、公務員の締め付けを強化し、また、給与を抑制する対応をとることから、それらに関心が集まっていた。また、日の丸掲揚・君が代斉唱の職務命令違反などによって懲戒処分を受けた教職員の再任用に関しても、厳しい対応が取られてきたが、大阪府の高校教員を再任用しなかったことを違法と判断する裁判例（大阪高判2021（令和3）年12月9日判例自治500号31頁）がみられることにも、注目する必要がある。

さらには、寄付金やボランティアの「強制」とも考えられる対応もなされている。まず、コロナ給付金の寄付の「強制」である。名古屋市では幹部たちが自ら「寄付」をし、職員に寄付の呼びかけがなされている。また、大阪においては、阪神・オリックスの優勝パレードにかかわって、優勝パレード警備へのボランティアが「強制」されたようである。大阪ボランティア協会からは、「応募者」を所属長が部署ごとにとりまとめ、部署ごとに職員の一定割合を目安とする「応募者」数の目標が示されるような形での取り組みは、ボランティア活動とはまったく性格が異なると指摘されていた。公務員に対するハラスメントによって辞職にまで至る首長（愛知県東郷町長、岐阜県池田町長、岐阜県岐南町長）も出ている。

他方、幹部職員が強権的な首長に同調しているだけとすると、幹部職員は、「何も考えずに命令に従っていただけ」という官僚制批判と結び付いた「公務員のアイヒマン化」が議論される場合の公務員に該当すると評価されることになると考えられる。[33]

33　これが「『悪の凡庸さ』の凡庸化」として、アーレントが考えた「悪の凡庸さ」とは異なる

2）　職員の数等

職員の数等もみておこう。まず、職員数は、長期的には減少し、ここ数年は横ばいという状況である。具体的には、1994年がピークで328万2000人、2016年まで一貫して減少し、同年は273万7000人、2023年は280万2000人といった数である。警察部門・消防部門は増加傾向にあるが（1994年を100として、2023年がそれぞれ113.4と112.6）、一般行政部門と教育部門は減少率が大きい（それぞれ、80.2、83.2）（公営企業部門は、さらに減少率が大きい（79.9））。

そのような中で、公務員の人気が薄れている。2013年度で受験者数58万4000人、競争率7.9倍であるのに対して、2022年度でそれぞれ43万9000人、5.2倍となっている。また、合格しても辞退者が増え、若い職員が早期に退職するといった状況も生まれているようであり、組織としてかなり深刻な事態である[34]。4月に採用試験を行う名古屋市のように、職員採用試験の時期を早めることによって、より多くのより優秀な受験生を確保しようとする動向もみられる。しかし、公務員としてのやりがいを保障できなければ、抜本的な解決とはならない。教育分野では、名古屋市の校長人事のように、教員の団体から教育委員会に校長候補者の名簿提出にあわせて金銭が渡されるという信じ難い長年の慣行もあり、情実任用という古典的な悪弊も解決しなければならないし、「定額働かせ放題」と批判される給与の改善も必要で、「4％」の割増を「10％」にしようが、数の増加が伴わない限りは大きな変化は期待できない。

かには触れない。少なくとも、例えば出世等を意識して、公務員も主体的に考えて行動していて、それには責任が伴うことを付け加えておく。田野大介・小野寺拓也編著『〈悪の凡庸さ〉を問い直す』（大月書店、2023年）、特に179頁～196頁参照。

34　上林陽治「悲惨な事件の背景にある、役所と住民の間の遠のく距離」住民と自治720号（2023年）19頁、桜井眞吾「『公共』のいきる社会の実現を目指して」住民と自治733号（2024年）8頁。

⑵ 会計年度任用職員と行政の民間化

1） 会計年度任用職員の状況とその評価

いわゆる非正規公務員として、会計年度任用職員制度が導入された。まず、その人数を確認しておきたい。2016年の調査においては、臨時・非常勤職員の職員数は、64万3000人であったが、2022年においては、69万4000人と増加している。その中で、会計年度任用職員は、62万2000人であり、その内、55万3000人（88.8%）がパートタイムであり、フルタイムは、7.0万人（11.2%）となっている。また、女性が47万6000人（76.6%）、男性が14万6000人（23.4%）と女性が圧倒的に多い。職種では、一般事務職員が最も多く18万3000人（29.4%）、技能労務職員6万2000人（10.0%）、保育所保育士5万8000人（9.3%）、教員・講師3万9000人（6.2%）といった状況である。

「処遇を改善する効果」を期待する意見も出されているが[35]、上林は、市区町村職員の4割以上が非正規公務員で、非正規率の高い地方自治体は、非正規公務員を基幹化し、職種によっては4人中3人が非正規で、フルタイムではなく、パート化圧力が高まり、4分の3は女性で、間接差別があるといった実態、正規職員との格差が温存される官製ワーキングプアが残り、期末手当支給分の月例給を下げ、地方交付税を流用しており、期末手当が値切られて支給されているといった財源流用や処遇の格差・悪化、公募試験を口実とする雇止めの頻発、「職」の整理名目による排除といった問題点を指摘している[36]。そうであれば、処遇が改善したとは評価し難い。建前と実際のズレが生まれ、会計年

35 高橋滋「会計年度任用職員制度の運用と今後の課題」地方公務員月報694号（2021年）2頁～12頁。

36 上林陽治「会計年度任用職員白書 2020」自治総研514号（2021年）26頁～56頁。その他、「特集：会計年度任用職員制度―雇用破壊と分断の渦中で」住民と自治720号（2023年）等があり、特に、「再度の任用を行うことができるのは原則2回までとしている」などを示す総務省のマニュアルの問題点等を指摘する早津裕貴「『官製ワーキングプア』の是正―持続可能かつ質の高い自治体運営のためにも」住民と自治720号（2023年）5頁～10頁にも注目しなければならない。

度任用職員でも一般職の公務員であるから、正規の公務員と同様の仕事を担当することが求められるといったことすら生じている。非正規公務員の「やりがいの搾取」を生じさせる格差の大きな二種類の公務員の存在は、職場環境にも大きな影響を与える。

あまりみられない指摘として、早津は、「ドイツでは、恒常的な職務を担うのであれば、有期であろうが定員管理の対象で」、「パートタイムについても、フルタイムを『1』としつつ、勤務時間数に応じて按分してカウント」しており、日本においても、それを前提に、必要な総人数はどれほどかカウントすべきとする[37]。イギリスの最高裁裁判官の定員も、同様のカウントをしており、このようなカウントこそ必要である。

2)　行政のアウトソーシング、公契約条例と再公営化

会計年度任用職員の増加と相まって、行政のアウトソーシングも進行している。例えば、公の施設の指定管理者に関して、2021年4月1日現在の総務省の調査結果によれば、民間企業等の割合は毎回増え、特に株式会社の比率が増加している。もっとも、2018年調査では減少し、2021年調査では増加に転じたが小幅であり、導入もピークと考えられる。他方、指定取消等の件数は過去最多で、指定取消後の管理では、「統合・廃止（民間への譲渡なども含む）」(46%) が最も多く、次に「直営に戻す（業務委託含む）」(33%) となっている。指定管理を行う場合でも、個別の自治体には、条例や規則により管理者をその公の施設に相応しい団体に特定すること、管理運営を安定的・継続的に行うために適切な管理経費（委託費）を確保すること、正規雇用や雇用継続の配慮規定を設けること、再指定のたびに管理者が変わると運営や雇用が不安定になるため、非公募施設の拡大や指定機関の延長等公民館など特定の施設には指定管理者制度を導入しないと定めるところな

37　同前7頁。

どがある[38]。個別の業務ではなく、前述の会計年度任用職員を導入するよりも安価であるという理由から、包括的民間委託として、民間企業への業務の包括的な丸投げを行うとする自治体もある。しかし、労働者の賃金を削って安上がりで済ませ、行政が責任を放棄することは認められない。

一般的に、民間企業に業務を委ねる場合、国が、公務を担当する民間労働者の労働条件を一定程度保護するための制度的な対応をしないことから、個別の自治体で公契約条例等を制定してきた。一般財団法人・地方自治研究機構の調査によれば、2024年1月1日段階で、すべて市区レベルの条例で、東京特別区を中心にして、30条例（千葉県2、埼玉県2、神奈川県3、東京都15、愛知県2、三重県1、兵庫県3、高知県1、福岡県1）の制定にとどまっているようである。十分な広がりとは言えず、今後が期待されるところである。

さらに、一定数の再公営化もみられる。国際的には、インソーシングなどとも称される再公営化の動向があるが、それは、単にイデオロギー的な判断ではなく、プラグマティックな価値を重視したものであり[39]、日本においては、公務を担当する民間労働者の処遇を低下させることが容易であるため、再公営化が課題として浮上することは限定されている。イギリスでは、かつて、公務員の勤務関係を民間企業の労使関係を主導するものとして、良き雇用主モデルが語られていたし、また、最近でも、事務事業を民間に委ねた場合であっても、労働条件を保護する仕組みがある。日本の公務員関係が「ブラック」で、「官製ワーキングプア」を生み出すことは、到底許されない。最近の選挙において、国際的な再公営化の動向に詳しい岸本聡子氏が杉並区長とな

38　角田英昭「指定管理者制度の現況と到達点、課題―制度創設20年を踏まえて」住民と自治727号（2023年）32頁～35頁参照。
39　榊原秀訓・大田直史・庄村勇人・尾林芳匡『行政サービスのインソーシング―「産業化」の日本と「社会正義」のイギリス』（自治体研究社、2021年）。

っており、行政にどのような変化が生じるかが今後注目される。

地制調答申の自治体間連携・公共私の連携も、以上の文脈を前提に推進されているものと考えられる。もっとも、「改正」地方自治法の「指定地域共同活動団体」の定めは、農村部等では、地域運営組織等にサービス提供を押し付ける側面がある[40]。さらに、地方行政のデジタル化も、自治体戦略2040構想が述べる公務員半減政策からわかるように、行政民間化の方向を一層加速しようとするものである[41]。

おわりに

みてきたように、政府が描く地方自治の未来像においては、国の指示通りに画一的に行動する自治体が残り、民間企業の利益の対象となった「公務」が運営されるものとなっているように思われる。多様性が保障される地方自治が必要ではないにとどまらず、むしろ国にとって支障すらあるものとして位置付けられているようである。しかし、それでは、憲法「改正」をせずに、団体自治や住民自治といった地方自治の内実を消滅させることになる。

他方、地方自治を促進するために、国の民主主義化も必要であるが、個々の自治体内部において、一定の枠内で地方自治を進めることができることも確かである。諸外国で理論として示されてきた民主主義のモデルも、外国の経験を踏まえて理論化されたものであり、日本においても共通して利用可能なものと考えられる。議員に多様性が確保され、政治家である代表者と住民との間の継続的な意見交換が必要である。また、民主主義的価値と結び付いた透明性・情報公開、説明責任を

40　角田英昭「地方自治法『改正』案のもう一つの論点―指定地域活動団体制度について」住民と自治735号（2024年）27頁～29頁。なお、「指定」の要件は、条例で定められることから、各自治体の議会の役割が大きい。

41　中山徹「政府が進めるデジタル化で市民生活が向上するのか」前衛1035号（2024年）68頁～80頁。また、久保は、デジタル化によって、窓口無人化、廃止すら主張されていることを指摘している。久保貴裕「デジタル化で問われる自治体のあり方」同前90頁。

核とするアカウンタビリティ、さらに、立憲主義・法治主義といった理念や、自治基本条例、議会基本条例、公契約条例などの基本的制度をさらに現実化し、理念に沿って運用していくことが重要である。行政の公共性確保のためには、公務員の専門性が確保され、首長や住民と意見交換ができ、やりがいを感じることができる労働環境がなければならない。

もっとも、大学生をみると理論・理屈ではなく、実利により大きな関心があるのではないか、公務員にも「アイヒマン」的な者が少なくないのではないか、「金」さえ確保できればそれで良いと考える自治体も少なくないのではないかと感じることもある[42]。しかし、大学教育と同じように、地方自治とは何か、それによって何が求められるのかといったことをかなり初歩から地道に考え、議論し、「実験」的な試みを含め、様々な参加を通して、地方自治への関心を高めていかなければならない。

大日本帝国憲法にはなく、現行憲法にはある章として、平和主義にかかわる第2章と地方自治にかかわる第8章がある。これに対して、地方自治法では、「改正」によって、行政のデジタル化にかかわる「情報システム」の章と「補充的指示権」を中心とした章という大きく二つの章が追加された。これらは、中央集権化に寄与し、平和主義を損なう危険性があるものである。目指すべきは、国に仕える地方行政を担当すれば足りる地方団体ではなく、地方自治を活かして、住民の権利利益を実現する自治体である。

42　2024年4月から放送が開始されたNHKの朝ドラ「虎に翼」においては、日本国憲法制定、民法家族法改正等が描かれ、大きな話題となっている。このドラマをみて、戦後すぐに公表された川島武宜「日本社会の家族的構成」とその論文を所収する『川島武宜著作集第10巻』（岩波書店、1983年）の「解題」を読み返した。「家族制度」の日本社会への反映として、①「権威」による支配と権威への無条件的服従、②個人的行動の欠如と個人的責任感の欠如、③一切の自主的な批判・反省を許さない社会規範、④親分子分的結合の家族的雰囲気とその外に対する敵対的意識などが指摘されており、近代化のみでは解決できない古くて新しい課題の存在を考えさせられ、それに懸命に取り組まなければならないことを痛感させられた。

〈編著者〉

榊原秀訓（さかきばら ひでのり） 南山大学法務研究科教授 （第Ⅳ部第７章）

〈著　者〉

岡田知弘（おかだ ともひろ） 京都橘大学経済学部教授 （第Ⅰ部第１章）
白藤博行（しらふじ ひろゆき） 専修大学名誉教授 （第Ⅱ部第２章）
松田亮三（まつだ りょうぞう） 立命館大学産業社会学部教授 （第Ⅱ部第３章）
本多滝夫（ほんだ たきお） 龍谷大学法学部教授 （第Ⅲ部第４章）
平岡和久（ひらおか かずひさ） 立命館大学政策科学部教授 （第Ⅲ部第５章）
河合克義（かわい かつよし） 明治学院大学名誉教授 （第Ⅲ部第６章）

地域と自治体第 40 集
「補充的指示権」と地方自治の未来

2024 年 7 月 30 日　　初版第 1 刷発行

編著者　榊原秀訓
発行者　長平　弘
発行所　㈱自治体研究社
〒162-8512 東京都新宿区矢来町 123 矢来ビル 4 F
TEL：03·3235·5941／FAX：03·3235·5933
http://www.jichiken.jp/
E-Mail：info@jichiken.jp

ISBN978-4-88037-769-8 C0031

DTP：赤塚　修
デザイン：アルファ・デザイン
印刷・製本：モリモト印刷㈱